내가 해봐서 아는데

아직도 유니시티 사업 안 하세요

이진옥 지음

모아북스
MOABOOKS

이 책은 당신에 관한 책이다.

당신에게 기회는 있다.
다만 충분히 준비된 상태가 아니라면
그 기회를 눈뜨고 놓치게 된다.
항상 긍정적인 생각과 적극적인 행동으로
기회를 잡을 수 있다.
준비하기에 이른 시기란 없다.
빨리 준비할수록,
당신의 인생은 더욱 빛을 발한다.

치열하게 경쟁하는 시대라고 겁먹지 마라.
당신이 도전할 기회의 문은 항상 열려 있다.

꿈은 도전할 때 이루어진다.

아직 어떤 준비도 하지 않고 있다면,
아무리 좋은 기회가 오더라도
기회인지 조차 모른 채 흘려버린다.

지금 새로운 도전을 준비하고 있다면,
위기조차도 절호의 기회가 될 것이다.

현실을 바꿀 새로운 길을 찾고 있다면,
구체적으로 어떤 계획을 세워야 할까요?

새로운 길에는 새로운 발상이 필요할뿐더러
나 자신부터 긍정적으로 생각해야 합니다.
당장 일상생활부터 확 바꾸세요.

유니시티 비즈니스를 통해
더 나은 미래로 가는
새로운 길에 도전해보세요!

지금이 가장 좋은 타이밍입니다.

이 책은
그 길을 안내해 드립니다.

변화의 시대, 도전하는 삶이 답이다

평범한 사람도 꿈을 꾸면 비범해진다. 비범하게 살고 싶다면 지금부터라도 꿈을 꾸라고 말하고 싶다. 나는 꿈을 갖고 나서부터 도전하고 생동하는 삶을 살게 되었다. 여러 번의 실패와 우여곡절을 견디고 나자 빛나는 성취의 순간이 선물처럼 왔다.

세상은 하루가 다르게 변한다. 변화는 일상이 되었다. 오프라인에서 온라인으로의 변화를 넘어 가상세계로까지 변화의 물결이 몰아치고 있다. 코로나와 같은 감염병의 창궐은 그 변화에 가속도를 붙였다. 이런 변화의 소용돌이 속에서 직장의 의미는 물론이고 직업의 종류는 천지가 개벽할 만큼 크게 바뀌고 있다. 따라서 돈을 벌고 쓰는 경제 개념, 나아가 행복한 삶의 개념까지 변화하고 있다. 변화가 일상인 시대에는 개개인도 변하지 않으면 생존하기가 어렵다.

30,514일. 운이 좋다면 한국인이 누릴 수 있는 수명이다. 3만 일이 넘는 평생을 살고 나서 기억나는 날은 그중 며칠이나 될까? 그 기억나는 날 가운데 행복했던

날은 며칠이나 될까?

네트워크 비즈니스를 시작한 이후로는 행복한 날이 조금씩 늘어났고, 특히 유니시티 비즈니스를 하게 된 이후로는 헤아릴 수도 없이 많아졌다. 도전하는 삶, 성취하는 삶을 살게 된 덕분이다. 도전하는 삶이 쌓여 성취의 꽃을 피우기 시작하자 내 삶에서 행복이 물결쳤다.

지금 이 책을 보고 있는 자체가 당신에게는 변화의 계기이자 다시 없을 기회다. 지금의 묶은 자리에서 떨쳐 일어나 온몸으로 변화를 맞이하고 기회를 잡기를 바란다. 오래 길들여온 습관과 사고방식을 바꾸기란 쉽지 않을뿐더러 처음 하려면 두려울 수도 있다. 하지만 도전하는 용기를 한번 내 안에 갖게 되면 두려움은 저절로 사라진다. 도전의 의지만 꺾이지 않는다면 변화는 시간문제다.

변화의 가장 큰 적은 두려움이다. 힘들어서 변화하지 못하는 것이 아니라 두려워서 변화에 몸을 던지지 못하는 것이다. 노력해보지도 않고 두려움 때문에 불행한 현실을 뒤집지 못한다면 얼마나 억울하겠는가. 심지어는 노력이 지겨워질 때조차 한 걸음 더 나아가도록 자신을 독려할 수 있는 사람이 되어 보아야 한다. 그러면 성공은 틀림없이 내 것이 될 것이다. 성공을 향해 나아가는 여정에 이 책이 작으나마 도전할 용기를 북돋는 힘이 되기를 바란다. 이 책이 나오기까지 도와주시고 수고하신 모든 분께 감사하고, 누구보다 독자 여러분께 감사한다.

2023년 여름을 보내며, 이진옥

이 책은 **변화의 시대에 왜 도전하는 삶이 답**인지, 또 **구체적으로 어떻게 도전해야 하는지** 말해준다. 현재의 한계에 갇혀 있는 나를 구원할 수 있는 건 변화 밖에 없다는 걸 인식시키고, 그 변화의 방법을 찾아간다.

1장〈새로운 비즈니스 기회 유니시티〉에서는 먼저 지은이의 경험을 바탕으로 어떻게 성공하는지, 또 당신의 성공을 어떻게 함께하는지, 성공학의 핵심을 간결하게 들려준다. 그리고 곧이어 본론으로 들어간다. 그리고 유니시티는 왜 특별한지를 시작으로 PDR에 등재된다는 것의 의미까지 유니시티 프랜차이즈 비즈니스 시작에 필요한 기본적인 플랜을 제시한다. 그리고 결국은 왜 시스템, 즉 플랫폼이 답인지를 보여준다.

2장〈같은 속도로 달리면 부를 얻을 수 없다〉에서는 왜 변화는 위기이자 기회인지 알아보고, 진짜 부자와 가짜 부자를 구분하면서 자신의 현실을 진단한다. 그리고 전혀 다른 삶을 향한 첫걸음을 어떻게 내디딜 것인지 궁리하면서 속도의 차이가 어떻게 부의 차이를 만드는지 알아본다. 또 긍정하는 마음이 어떻게 상황을 바꾸는지, 인생도 배움도 왜 '너무 늦어버린 때' 란 없는 것인지 짚어본다.

3장 〈새로운 차원의 부의 이동〉에서는 이제 새로운 길로 이동하는 부의 추세를 살펴보고, 부의 새로운 길을 여는 네트워크 비즈니스에 대해서 객관적인 자료를 통해 알아본다. 또 네트워크 비즈니스에 대한 인식이 얼마나 어떻게 달라지고 있으며, 세상이 어떻게 바뀌고 있는지를 실증적으로 보여주면서 네트워크 비즈니스가 전에 없던 새로운 기회임을 상기시킨다.

4장 〈유니시티 비즈니스에 대한 질문과 답변〉에서는 처음 시작하는 초보 사업자들이 궁금해 하는 사항을 문답의 형식으로 보충하여 간결하게 알려준다.

그리고 본문 구성 외에 본문 사이사이 [이거 알아요?], [아하 그렇구나!]를 배치하여 미진한 상세함과 참고자료를 보충하고 긴 내용을 요약 정리함으로써 책 전체가 더욱 알차도록 구성했다.

내 삶의 **최고 선물**, 유니시티와의 **만남**

우리는 이 땅에 태어나서 신으로부터 과거와 현재와 미래라는 시간의 선물을 받는다. 과거의 경험을 통해 지혜를 배우고 미래를 준비한다. 현재 나의 성공은 지난 과거 시간 속에서 이유를 찾을 수 있다.

내가 태어난 1961년 무렵은 대다수가 배부르게 먹는 것이 최대 관심사였던 가난한 시절이었다. 나는 가난한 집 6남매 중 둘째 딸로 태어나 고등학교를 졸업했다. 소심하고 사회적이지 못한 성격 탓에 직장을 다니지 못하고 스물다섯 살에 세탁소를 운영하는 남자와 결혼하여 딸 하나를 낳았다. 가난하다는 이유로 유치원도 보내지 못했지만, 그저 팔자려니 여겼다.

1995년 9월, 처음으로 네트워크 비즈니스를 만났다.

수줍음을 타서인지 말수가 없던 나는 그 흔한 계 모임 하나 없을 만큼 사교성이 젬병이어서 마음 터놓을 친구도 없었다. 나는 공연히 자격지심만 살아있었다.

내 성격과 맞지 않는다고 생각했지만, 몇 번의 권유로 사업설명을 들으면서 서서히 내 안에 꿈이 싹트기 시작했다.

'이대로 살다가는 하고 싶은 것, 먹고 싶은 것, 아이에게 해주고 싶은 것 하나도 못해보고 죽는다면? 혹시 저 말이 사실이고 미래가 저렇게 변한다는데 도전 한 번 안 해본다면 나중에 후회하겠구나.'

이런 생각이 들자 어차피 자본금이 필요한 것도 아니었기에 사업을 배우기 시작했다.

지금은 A사를 대다수가 알지만, 그때는 편견이 아주 심했다. 사업이 잘 진행된 것은 아니었지만 내 삶에 처음으로 희망이라는 단어가 들어왔고, 나는 성공하지 못하면 죽어 버린다는 간절함으로 사업을 배우기 시작했다. 플랫폼이라는 멤버십 사업이면서도 자영업이므로, 성공하든 실패하든 내가 흘린 땀만큼 대가를 받는다는 생각으로 했다.

성공 관련 책들을 읽고 미팅에 참석하며 나를 변화시켜나갔다. 실패를 거듭할수록, 노쇼를 당할수록 나는 나의 성공을 믿었다. 항상 나를 벼랑 끝에 세웠다. 아침마다 간절하게 외치면서 집에서 나왔다.

"최대의 복수는 성공이다. 나는 반드시 성공한다. 밟아라, 밟히마. 부딪혀라, 깨지마."

나와의 싸움에서 이겨 나가기 위해 노력했다. 비행사의 경력은 비행사로 몇 년을 보냈는가가 아니라 비행거리가 몇 킬로미터인가로 따진다고 한다. 역시 이 사업도 몇 년이 아니라 몇 회나 사업설명을 하고 시스템에 참여했는가가 중요하다. 바로 그것이 성패를 결정하기 때문이다.

일 년의 모든 시간을 사업에 우선순위를 두고 보내고 있을 때, 남동생이 국내 대기업인 H사에서 네트워크 비즈니스를 시작했다는 소식을 전했다. 대기업의 제품과 보상설계의 경쟁력을 보고 H사로 옮겨가 함께 사업을 하게 되었다.

꿈 같은 일이 벌어졌다. 사업이 성장하면서 2001년에 최고 성공자의 자리에 올랐다. 누구나 부러워하는 네트워크 비즈니스의 성공자로 삶을 살게 된 것이다.

그 정상의 자리에서 보이는 게 있었다. 대다수의 네트워크 비즈니스에 대한 부정적 편견은 제품이 나쁘다거나 가격이 비싸다는 것이 아니라 사재기를 한다, 돈이 안 된다, 돈 번 사람을 보지 못했다는 것이다.

나는 상당한 수입을 올리면서 여유롭게 되었지만, 아무리 열심히 해도 경제적 어려움에서 벗어나지 못하는 사업 파트너들을 보며 가슴 아팠다. 거의 모든 네트워크 비즈니스 회사들이 그런 상황이었다.

2001년 7월, 스폰서이자 동생인 이진성 대표가 당시 세계적 이슈로 미국 판매 부수 1위인 네트워크 비즈니스 라이프스타일지 커버스토리로 기사화된 유니시티 탄생 정보를 알려왔다.

그러면서 많은 멤버십의 최고 리더로서 4개월간 신중하게 알아보며 우리가 마지막으로 선택할 이유를 설명했다. 전 세계 최강 플랫폼 유통이 될 수 있다는 확신으로 유니시티 사업을 시작했다.

내 삶의 최고 선물인 유니시티를 이렇게 만났다.

나는 유니시티에서 다른 회사들과는 다른 특별한 비전을 보았다. 그것은 바로 경제적인 자유, 시간의 자유, 건강의 자유를 만났다.

어떤 사람들은 유니시티도 다른 회사랑 별반 다르지 않다고 말하지만,

모르고 하는 소리다. 유니시티는 다르다. 나는 유니시티처럼 완벽한 비전을 부여하는 회사를 본 적이 없다. 기존 네트워크 비즈니스의 장점은 극대화하고 단점은 없앴기 때문에 가능한 일이다.

아울러 어느 회사도 따라올 수 없는 제품의 우수성은 날개가 되었다. 다른 모든 것이 다 갖춰졌다 해도 알맹이인 제품의 경쟁력이 월등하지 않으면 그 비즈니스는 지속하기 어렵다. 기존 이용자의 재구매를 일으키지 못한 채 신규 구매만으로는 역부족이다. 더구나 신규 구매의 대부분은 기존 이용자의 입소문이나 이용 후기에 좌우되므로, 제품의 우수성이 비즈니스를 지속하는 가장 중요한 열쇠다.

그래서 유니시티는 우수한 제품의 연구개발에 막대한 자금을 투자한다. 그러니 이용자의 제품 재구매율이 높을 수밖에 없다.

게다가 유니시티는 사업자들에게 많은 수익을 안겨주는 최고의 동기부여를 하면서도 이용자에게는 비교적 저렴한 가격으로 제품을 제공하는 시스템을 일관되게 유지한다. 회사의 마진은 제조에만 한정하고 그 밖에 마케팅 전 과정에서의 마진은 모두 사업자와 이용자에게 돌려주는 '제로 마진' 정책 때문에 가능한 시스템이다.

유니시티가 나를 살렸다

내가 최상위 리더로 속한 그룹은 첫해 매출 20억 원을 시작으로 10년간 다지기 시간이 지나고 2011년부터 급성장하여 2016년에는 연 매출 3,000억 원을 넘기는 놀라운 실적을 보였다. 코로나 사태 등으로 매출이 일시적으로 줄어들기도 했지만, 각고의 노력으로 금세 반등에 성공함으로써 이제 연 매출 5,000억 원을 바라보게 되었다.

유니시티코리아 전체를 보더라도 사업이 본격적으로 성장궤도에 오른 것은 건강식품에 대한 인식이 긍정적으로 바뀌고 관심이 크게 늘기 시작한 2010년경부터다. 마침 그룹의 시스템도 완성단계에 들어서면서 시너지 효과와 함께 10년을 인내하고 각고한 대가를 비로소 보상받기에 이르렀다.

결정적인 계기는, 앞에서도 얘기했지만 각 사업자가 어렵잖게 플랫폼을 형성할 수 있도록 설계된 유니시티의 획기적인 수익분배 구조에 있다.

효능을 보증하는 PDR에 해마다 다수 등재되는 제품도 제품이지만, 유니시티를 더욱 특별하게 하는 것은 유니시티만의 과감한 수익분배 구조다. 강력한 동기부여와 공정하고도 충분한 보상에 초점을 맞춘 시스템으로, 다른 기업의 사업자들이 가장 부러워하는 점이기도 하다.

20-5-3의 구성 원칙을 제공하는데, 이런 과정을 3회 반복하면 최초의 프랜차이즈 오너는 월 1억 원의 수입을 거둘 수 있다. 오너들이 시스템에 부속하는 존재가 아니라 저마다 주체적으로 시스템을 구성하는 플랫폼이 되기 때문에 가능한 일이다.

나 역시 마침내 '꿈의 수입'으로 불리는 월 1억 원 이상의 수입을 올리는 사업자로서 풍요롭고 행복한 삶을 누리게 되었다.

다이아몬드로 승급하고 나서는 경제적으로 아쉬울 것 없이 평탄한 삶을 살고 있다. 유니시티 이전과 이후를 비교하면 나와 가족이 건강해진 것이 가장 큰 차이이고 소득이다. 내가 만약 유니시티를 시작하지 않았다면 죽었을지도 모른다. 그 무렵 내 건강은 최악의 상태였다. 유니시티가 나를 살린 셈이다.

경제적으로 안정되고 시간 여유가 늘어나면서 내 삶을 돌볼 수 있게 되자 무지개처럼 신기루로 존재하던 행복이 비로소 내 삶 안으로 스며들어왔다.

꿈은 날마다 자란다

그 무렵, 그러니까 2010년 무렵에 하나님을 만나면서 삶의 목적이 달라졌다. 그때부터 이 땅에서 살아가는 한 이웃을 돌보는 사랑을 실천하겠다고 스스로 약속했다. 지금도 많은 아이를 후원하고 있지만, 다음 단계는 그룹의 다이아몬드들과 재단을 만들어서 체계적이고 장기적으로 후원하고 봉사하는 꿈을 키워가고 있다.

가난했던 시절에는 한 달에 1,000만 원씩 벌면 그 많은 돈을 어디에 다 쓸까 고민했는데, 한 달에 1억 원씩 벌어도 쓸 곳은 정해진 듯이 다 생기게 마련이니, 돈이라는 게 참 묘하다.

나는 그룹을 위해 쓰고 봉사하는 데도 쓰지만, 저축은 안 한다. 운동은 건강을 위해 조깅 정도로 만족하고 골프 같은 사교성 운동은 안 한다. 사람마다 취향이 다르니, 다른 사람이 무슨 운동을 하든 개의치 않는다. 나는 명품을 썩 좋아하진 않지만, 파트너 후원을 가면서 행색이 초라하면 실례일 수도 있으니까 최소한의 격식에 필요한 몇 가지만 갖출 뿐이다.

나는 2020년에 크라운다이아몬드(유니시티 인터내셔널 명예 직급)로서 연봉 20억 원을 달성했다. 유니시티 사업 20년째에 달성한 꿈같은 일이다. 그 즈음에 그룹 구성원 중 한 분이 내가 여전히 '드림 북'을 가지고 다닌다는 사실에 놀라워하면서 물었다.

"크라운다이아몬드쯤 되면 후원 안 다녀도 되는 거 아닙니까?"

아마도 그분은 버는 돈을 기준으로 이제 크게 성공했으니, 그런 고생 안 해도 되지 않겠느냐는 상식적인 의문을 가진 모양이다. 하지만 나는 아직 더 성취해야 할 목표가 있고, 그런 성취의 과정이 인생이라는 생각이었다. 돈이나 자리는 그런 성취에 따라오는 것이지 인생의 궁극적인 목표는 아니었다.

"아니에요. 유니시티에서 크라운다이아몬드는 별 직급이 아닙니다. 아직 여섯 사다리밖에 안 키운 거니까요. 연봉 20억 원이 많아 보이기는 해도 직급으로 치면 A사 다이아몬드 밖에 안 되는 직급이에요. 그룹이 정말 커지면 손 안 대도 되겠지만, 아직도 시스템에도 손을 대야 해요. 시스템도 진화하지 않으면 안 되지요. 달라지는 데 그치지 않고 나아져야 해요. 끊임없이 보완할 필요가 있습니다."

변화는 곧 도전하는 삶이다. 인생이 도전의 연속이 된 것이다. 가정경제에서 전통적인 역할과 관계 개념은 이미 변화한 지 오래되었다. 내가 행복해야 가족의 행복도 사회의 행복도 국가의 번영도 비로소 의미를 지닌 시대가 되었다.

스스로 지금 행복하냐고 물어보아서 별로 행복하지 않다면 바꿔야 한다. 누군들 불행한 삶을 바꾸고 싶지 않겠는가만 이러지도 저러지도 못해 어찌할 바를 모르는 것이다. 사람들 대부분이 그런다. 나도 그랬으니까.

그러다가 나는 '부엌데기'의 탈을 깨고 나와 '사업자'로서 새로운 도전의 길에 나섰다. 도전이 삶을 바꾸는 계기가 되었다. 도전하자 기회가 온 것이다. 나는 그때 비로소 인생은 도전의 연속이라는 걸 깨달았다.

이런 기회의 순간들을 피하지 않고 정면으로 대면할 때 자기 자신을 새롭게 발견하게 될 것이다.

물론 자신을 바꾸는 일은 쉽지 않을 것이다. 자기 자신을 바꾸는 일은 세상을 바꾸는 일보다도 어렵다니 말이다.

비즈니스의 선택에서 중요한 것들

내가 이끄는 그룹의 규모가 커질수록 "과연 어떻게 하면 이진옥처럼 될 수 있을까?" 궁금해하는 사람들이 많아지고 있다.

내가 그랬듯이 우선 좋은 회사를 찾아야 한다. 유니시티처럼 거의 완벽한 보상체계를 갖추고 제품의 경쟁력 확보에 투자를 아끼지 않을 뿐 아니라 수익의 많은 부분을 사업자와 소비자에게 돌려주는 회사가 좋은 회사다.

한 가지 중요한 팁을 주자면, 회원 수는 그다지 늘지 않으면서 매출만 느는 회사는 주의해야 한다. 제품의 경쟁력이 떨어지거나 다른 문제 때문에 신규 회원 모집 활동이 정체된 가운데 기존 회원들의 주머니만 쥐어짜는 악순환의 굴레에 갇혀 있기 쉽기 때문이다.

또 이미 사업을 결정했더라도 회사가 사업자를 위해 자연히 재구매가 발생하는 우수한 제품을 개발하고 있는지, 이미 가입된 회원들을 쥐어짜서 돈을 벌려고 하는지를 찬찬히 살필 필요가 있다.

그리고 타이밍이다. 신생 업체에 빨리 가서 줄만 서면 성공할 것 같지만 성공한 회사의 성공한 사업자치고 1번으로 등록한 사람은 거의 없다. 무엇보다 중요한 것은 성장 가능성이다. 신생 업체라고 해도 성장 조건이 미흡할 수 있고, 어느 정도 역사와 규모가 있는 업체라도 2차 성장의 잠재력을 지닐 수 있기 때문이다.

우리의 일상을 변화시킨 코로나 사태는 전 세계 네트워크 비즈니스에도 엄청난 변화를 일으킨 동시에 심각한 과제를 안겨주었다. 인적교류가 사실상 전면 봉쇄되면서 네트워크 비즈니스는 회원그룹을 신규로 유치하기는 커녕 기존의 그룹을 유지하기도 어려운 지경에 빠졌다. 인터넷 환경을 갖추지 못한 회사들은 개점 휴업상태나 마찬가지였다.

이러한 코로나 사태로 인해 유니시티의 중요성은 더욱 도드라졌다. 유니시티의 시스템은 온라인 환경에도 최적화되어 있기 때문이다. 네트워크 비즈니스에서는 어느 국가든 제품만 들어가는 것은 큰 의미가 없다. 시스템이 함께 건너가야 한다. 시스템에 기초를 두지 않으면 지속성이 떨어진다. 일시적으로 한바탕 크게 성장하더라도 그 성장을 더 키우고 유지하는 것이 어렵다는 것이다. 시스템이 없는 비즈니스는 기둥 없는 집이나 마찬가지여서 바람 앞의 등불일 수밖에 없다.

어느 회사 어느 그룹에 들어가든 가장 먼저 하는 일이 꿈과 목표 설정, 그리고 명단 작성이다. 꿈과 목표가 지도라면 명단은 그것을 찾아가는 교통수단이다. 초보 사업자의 기본 소득을 위한 첫걸음이기도 하다.

명단 작성이 중요한 것은 명단을 통해 유니시티를 알릴 뿐 아니라 후원자의 도움을 받아 진행하던 미팅을 본인이 혼자서 할 수 있도록 훈련하는 데 기초가 되기 때문이다. 혼자서 유니시티를 알릴 수 있게 되면 비로소 새로운 네트워크가 형성되기 시작한다. 한 사람을 주축으로 로컬미팅 팀이 구성되면 똑같은 방법으로 성장하고 팀도 키워나가는 것이다.

그러니 네트워크 비즈니스는 시스템 게임이다. 나는 H사에 있을 때 내가 이끄는 그룹이 1년 만에 70명에서 3,000명까지 커지는 것을 보면서 시스템의 힘을 처음으로 실감했다.

네트워크 비즈니스는 우습게 볼 게 아니다. 성공한 사람보다 실패한 사람이 훨씬 많다. 당시 가장 잘나가던 H사에도 성공한 사람은 극소수였다. 정말 많은 사람이 흔적도 없이 사라졌다. 당시에 내가 참여한 그룹의 행사만 해도 잠실 역도경기장을 꽉 채울 만큼 번성했는데 지금은 흔적도 없이 사라졌다. 네트워크 비즈니스 시스템의 기본은 '복제'에 있다. 누구라도 쉽게 따라 할 수 있어야 한다. 복제하지 못하고 사재기를 시스템으로 삼으면 머잖아 문제가 생기게 마련이다.

나의 아름다운 선동 그리고 뜨거운 응원

나는 슬하에 딸 하나를 두었다. 그 딸이 얼마 전에 자기 닮은 딸을 낳았다. 그 딸이 내게 그런다.

"엄마, 내가 어렸을 때는 우리 집이 가난해서 갖고 싶은 것, 먹고 싶은 것 있어도 꾹 참고 그냥 보기만 했는데 내 딸한테는 해줄 수 있는 게 너무 많아서 감사해요."

나는 바쁜 가운데도 손녀와 지내는 시간을 많이 낸다. 만약 지금도 가난하다면 아무것도 해줄 수 없는 상황에서 그저 예쁘다, 예쁘다, 말로만 예뻐하며 내 딸에게 그랬듯이 가슴 아파했을 것이다. 그러나 이제는 더 가슴 아프지 않아도 되니, 이 얼마나 감사하고 행복한 일인가.

코로나 사태가 어느 정도 진정되고 '위드코로나'로 전환하면서 대면 만남의 봉쇄가 풀리기 시작했다.

그 덕분에 유니시티코리아는 지난 3월 29일, 인천 송도 컨벤시아에서 '스튜어트 휴즈 회장 스페셜 세미나'를 열었다. 유니시티인터내셔널 스튜어트 휴즈 회장이 방한해 프레지덴셜 디렉터 직급 이상의 리더 1천여 명에게 주요 제품을 소개하고 향후 비즈니스 방향과 유니시티의 비전을 전했다. 태국의 최고 직급자들도 참석해 휴즈 회장의 강연을 들으며 비즈니스 방향을 모색했다.

나는 스피치에서 "우리가 누군가로부터 얻은 열정을 이제 다른 누군가에게 전해줄 것"을 제안했다.

"유니시티를 시작하고 지금이 참 중요한 시기라고 생각합니다. 과거 우리가 다른 나라의 회원들로부터 열정을 얻었다면, 이제는 우리가 누군가에게 열정을 나눠주는 자리에 있습니다. 전 세계 최고의 팀을 만들 시기가 되었습니다. 오늘 이 시간을 통해 내년 라스베이거스에서 열릴 글로벌 컨벤션 무대에 도전하고, 네트워크 비즈니스의 선도자가 되겠다는 사명을 가지고 비즈니스에 임해주시기를 바랍니다."

그 자리에서 스튜어트 휴즈 회장은 빅데이터를 이용한 건강 정보를 주제로 강의를 진행했다.

"우리의 생활습관이 변하면서 이제는 많은 사람이 질병에 걸린 채 살아가고 있습니다. 현대인의 대표적인 질병 지표인 '인슐린 저항성'은 전 세계 의료진이 관심을 기울이는 분야로, 향후 5년간 가장 많이 언급될 것입니다. 특히 한국인의 경우 10명 중 3~4명이 인슐린 저항성을 가지고 있는 것으로 나타나고 있습니다. 유니시티의 제품으로 구성된 프로그램이 이러한 건강 문제를 해결하는 데 도움이 될 것으로 기대합니다."

휴즈 회장은 이어서 유니시티의 보상체계에 관해서도 비전을 확인했다.

"선의를 베풀고, 부를 축적할 방법은 반드시 있을 것입니다. 유니시티

가족이라면 물질적인 부를 넘어 우리 자신의 삶뿐 아니라 다른 사람의 더 나은 삶을 위해 도움을 줄 것으로 믿습니다. 우리의 훌륭한 제품과 보상 체계로 장기적인 관점에서 이를 실현할 수 있을 것입니다."

이 특별한 세미나로부터 몇 달 후인 7월, 내가 이끄는 그룹은 코로나 봉쇄 이후 처음으로 강원도 홍천 소노벨에서 세미나를 열었다. 오후 5시에 시작하는 세미나에 참석하기 위해 2시간 전인 3시부터 사람들이 몰려들기 시작했다. 4시 30분에 도착한 한 참석자는 그 시각이면 여유롭게 앞자리에 앉겠다 여겼는데, 맨 뒷자리도 겨우 빈 자리 하나를 찾아서 앉을 수 있었다고 볼멘소리를 했다. 1천여 명 넘게 몰린 세미나는 그만큼 열기가 뜨거웠다.

여기 모인 사람들은 다 행동하는 사람들이다. 행동하는 사람이 꿈을 꾸고, 꿈을 꾸는 사람이 성취한다. 나는 평소 우리 그룹 사람들한테 강조한다.

"한 데 모이는 것은 시작이다. 함께 어울리는 것은 발전이며, 더불어 일하는 것은 성공이다."

그러면서 나의 삶을 바꾸고, 다른 사람의 삶을 바꾸고, 세상을 바꾸는 여성 리더가 되자고 선동한다.

여러분이 당장 힘들어 포기하고 싶은 것은 눈앞의 목표에만 연연하기 때문이다. 그렇다면 어떻게 할 것인가?

5년 후의 내 모습에 집중하는 것이다.

"5년 후 오늘, 나는 어디에 있을 것인가?

5년 후 오늘, 나는 어떤 사람과 함께 있을 것인가?

5년 후 오늘, 나는 무엇을 하고 있을 것인가?"

그러면 이때껏 보지 못한 것, 남들이 보지 못한 것을 볼 수 있을 뿐 아니라 현실을 이겨내는 힘과 용기가 생긴다. 나 역시 그렇게 해서 오늘날 여기까지 왔다.

여러분이 이 책을 보고 '5년 후의 나'에 집중하게 된다면, 이 책을 보는 오늘이 바로 그 5년의 시작이다. 여러분의 5년에 뜨거운 응원을 보낸다.

3장

새로운 차원의 부의 이동

4장

유니시티 비즈니스에 대한 질문과 답변 ·132

1장

새로운 비즈니스 기회 유니시티

"모든 실패를 피하려 하지 마세요.
실패를 겪지 못한다면 그것이 만들어내는
인생의 가치를 얻지 못할 것입니다.
저는 많은 실패를 경험한 덕에 실패에 대한
두려움에서 벗어날 수 있었습니다.
세상을 바꾸는 데 마법은 필요 없습니다.
그 힘은 이미 우리 안에 있습니다."

당신의 **성공**을 **끝**까지 **함께**한다

"봉급생활자는 플랫폼에 종속되어 플랫폼을 위해 노동을 할 뿐이고 월급 500만 원 벌기도 벅차지만, 네트워크 비즈니스 사업자는 자신이 플랫폼 운영자가 되는 것이므로 시간의 속박에서 벗어나면서도 월 2억 원의 수입을 올릴 수 있다. 그래서 미래는 플랫폼을 가진 사람과 못 가진 사람으로 나뉜다는 말이 나온 것이다."

_____**인생이든 비즈니스든** 성공하려면 방향이 중요하다. 먼저 자신이 나아갈 곳을 알아야 방향과 목표를 정할 수 있다. 하버드 대학이 제안한 성공 원칙도 그와 다르지 않다. 성공하려면 먼저 목표를 설정해야 한다. 그러고 나서 확고한 신념으로 대담한 도전에 나서야 한다. 행동해야 한다. 그러나 행동이 일시적이어서는 목표를 달성할 수 없다. 지속적이어야 한다. 그러려면 여간해서는 포기하지 않는 끈기가 필요하다. 요약하면, '**목표-신념-행동-끈기**'가 성공 원칙이라는 것이다.

인간의 행동 원리는 '**노력-성과-보상**'의 체계로 목표를 이루겠다는 동기부여를 갖게 된다. 그럼 목표는 무엇으로 정의되는지 다음 표로 정리한다.

목표가 갖춰야 할
3가지 요건

1. 구체적이고 객관적이어야 한다.

실현 가능성, 즉 타당성이 있어야 한다는 것이다.

2. 측정 가능해야 한다.

측정할 수 없다면 추상적이고 실체가 없기 쉽다. 멀리 봄 들판의 아지랑이나 산등성의 무지개 같은 것이어서 잡을 수도 이룰 수도 없는 목표는 있으나 마나다.

3. 시효가 정해져야 한다.

언제까지 이루겠다는 시한이 없으면 목표라고 할 수 없다.

대개 한 분야에서 크게 성공한 사람은 다른 분야에서도 성공할 확률이 높다고 한다. 왜 그럴까? 성공을 부르는 DNA나 습관은 어떤 분야에서든 공통으로 통하기 때문이다. 무엇보다 성공할 수 있다는 자기 암시가 강한 사람들이 성공 가능성도 그만큼 크다는 것이다. 자기 암시는 심지어 몸까지 바꾼다. 사는 환경에 따라 몸의 생김새나 체질이 크게 다른 여우가 그 증거다.

여우는 추운 북극에도 살고, 무더운 사막에도 산다. 북극여우는 추위에 잘 견딜 수 있게 몸이 긴 털로 덮여 있을뿐더러 발바닥에도 털이 나 있다. 또 짧은 귀와 주둥이는 몸에서 열이 빠져나가는 것을 막아 준다. 반면에 사막여우는 귀가 크고 넓어서 몸의 열을 잘 내보내도록 진화해왔다. 거주 환경에 적응하면서 몸이 바뀐 것이다.

이처럼 진화의 근원에는 상상의 힘이 작용하고 있다. 상상에는 무서운 힘이 있다. 자기 자신을 믿고 간절하게 원하면 실제로 그렇게 이루어지는 것을 '플라시보 효과'라고 한다. 자기 암시에 따른 위약 효과를 일컫는 말인데, 그 옛날 우리 엄마들의 '약손'도 바로 그런 믿음의 효과에 기인한 것이다.

앞에서 자영업에는 희망이 없으니 창업을 통해 기업가가 되라고 했는데, 창업에도 여러 가지 고려할 사항이 있다. 그런 고려 사항을 소홀하게 여겼다가는 십중팔구 창업에 실패하게 될 것이다. 하버드대 경영대학이 제안한 창업의 10대 기준이 있다. 여기에다 덧붙이고 수정해서 자기만의 10대 창업기준을 만들면 좋을 것이다.

하버드대 경영대학이 제안한 창업의 10대 기준

1. 자본금 대비 수익률, 즉 투자 대비 수익성이 얼마나 좋은가?

2. 시장수요가 충분한가?

3. 중복 구매와 재구매로 이어질 수 있는 소모품인가?

4. 상품 유통과 대리점 운영 등에 문제는 없는가?

5. 비즈니스를 유지할 수 있는 자생력이 있는가?

6. 다른 사람의 힘을 빌릴 수 있는 일인가?

7. 성공한 사람들과 친분을 쌓을 수 있는 일인가?

8. 삶의 질을 높이고 이상을 실현할 수 있는 일인가?

9. 천부적인 재능을 발휘할 수 있는 무대인가?

10. 인정을 받으면서 끊임없이 수요를 창출할 수 있는 분야인가?

이렇게 정리하고 보니, 이 10대 기준에 가장 근접한 비즈니스가 바로 네트워크 비즈니스다. 하버드대 경영대학은 가장 유망한 미래형 비즈니스로 네트워크 비즈니스를 꼽은 바 있으니, 어쩌면 당연한 결과다.

아하 그렇구나!

왜 네트워크 비즈니스인가?

1. 리스크를 최소화 할 수 있다.
2. 정년이 없는 비즈니스로, 시간이 갈수록 수익이 많아진다.
3. 시스템이 수익을 창출한다.
4. 갈수록 시장이 커지고 있으면서 수익률이 높다.

봉급생활자는 꿈도 못 꿀 1,000만 원에서 1억 원의 월수입을 실현하기 위해 지금 당신이 준비할 것은 바로 '행동' 이다. 자신을 믿고 자신을 시작하는 것이다.

봉급생활자는 플랫폼에 종속되어 플랫폼을 위해 그저 품을 파는 노동을 할 뿐으로 월급 500만 원 벌기도 벅차지만, **네트워크 비즈니스 사업자는 자신이 플랫폼이 되는 것이므로 시간의 속박에서 벗어나면서도 월 1억 원의 수입을 올릴 수 있다. 따라서 미래는 플랫폼을 가진 사람과 못 가진 사람으로 나뉠 것이다.**

유니시티는 왜 특별한가?

"네트워크 비즈니스의 시작인 미국에서
유니시티 인터내셔널은 건강 미용 분야의
최고 기업으로서 바이오스 라이프 사업을
통해 '건강한 인류 구현' 이라는 이상을
펼쳐가고 있다. 연간 1조 7,000억 달러라는
천문학적인 금액이 예방 보건 분야에 쓰이는
미국에서 유니시티 인터내셔널이 건강 미용
분야를 주도하는 위치에 있는 것이다."

────────── **유니시티 사업이 다른 네트워크** 기업들보다 특별한 이유는 무엇보다 120년 역사에 빛나는 세계적인 제약기업을 기반으로 삼고 있기 때문이다. 게다가 의학 이상의 '치유'의 가치를 담은 동종요법의 천연 제품을 핵심 비즈니스 종목으로 삼아 건강 증진을 통한 '인류의 보다 풍요로운 삶'이라는 높은 이상을 추구한다는 데에 특별함이 더하다.

유니시티는 전 세계 64여 개국에서 독보적인 기술을 기반으로 한 식이섬유 베이스의 대표 브랜드 '바이오스 라이프' 제품군과 비타민·미네랄을 주성분으로 한 건강기능식품 및 퍼스널 케어, 생활용품 등 400여 개의 제품을 공급하고 있으며, 더 나은 삶을 지향하는 사람들을 위한 차별화된 커뮤니티를 제공한다.

1903년에 출범한 의약 전문기업 렉솔은 1,000종에 이르는 의약품을 개발하여 판매함으로써 의약 분야에서 혁명을 일으켰다. 특히 '바이오스 라이프 프랜차이즈를 통해 개개인에게 건강에 관한 진보적인 정보와 비즈니스 기회를 제공함으로써 더욱 나은 인류의 삶을 구현한다'는 렉솔의 이상은 현재의 유니시티 인터내셔널로 이어져 더 높이 날아

오를 날개를 달게 되었다.

2001년, 미국 유타주 오렘에 본사를 둔 유니시티 인터내셔널은 전 세계 11개국에서 동시에 사업을 개시하면서 네트워크 비즈니스계의 지각변동을 예고했다. 관련 업계의 뜨거운 시선을 받게 된 것이다. 그도 그럴 것이 유니시티 인터내셔널은 시작부터 여느 풋내기 사업자와는 차원이 다른 역사와 사업 배경을 지녔기 때문이다. **지난 100년간 제약 및 건강미용 분야의 제조와 유통으로 세계적인 기업으로 성장한 렉솔과 지난 30년간 네트워크 비즈니스 분야에서 비약적인 성장을 이룬 엔리치가 합병하여 유니시티 인터내셔널이 탄생한 것이다. 뛰어난 제품과 효과적인 유통 시스템의 이상적인 결합이 몰고올 시너지에 대한 기대감은 대단했다.**

네트워크 비즈니스의 시작인 미국에서 유니시티 인터내셔널은 건강미용 분야의 최고 기업으로서 바이오스 라이프 프랜차이즈를 통해 '건강한 인류 구현' 이라는 이상을 펼쳐가고 있다. 연간 1조7,000억 달러라는 천문학적인 금액이 예방보건 분야에 쓰이는 미국에서 유니시티 내셔널이 건강미용 분야를 주도하는 위치에 있는 것이다.

미국에서 사망률 1위의 질병은 심혈관질환인데, 세계적으로도 주요 사망 원인이 되고 있다. 미국에서 연간 90만 명이 심혈관질환으로 사망한다니, 놀랍다. 동맥에 플라크가 쌓여 혈류가 막히는 동맥경화가 가장 큰 원인이라고 한다. 플라크는 어떤 징후나 자각증상도 없이 조용히 쌓인대서 '침묵의 살인자'로 불리기도 하는데, 이 때문에 뇌로 향하는 혈류가 막히면 뇌졸중을 일으키고, 심장으로 향하는 혈류가 막히면 심장마비를 일으킨다.

플라크는 콜레스테롤 수치가 높으면 쌓이는데, 병원에서 주로 처방하는 의약품이 스태틴이다. 그러나 이 약품의 부작용(근육통, 기억력 감퇴, 신경 손상, 면역체계 장애, 수면 장애, 발기부전, 암 발병률 증가 등)이 자못 심각해서 세계 인구의 4분의 1은 처방조차 받지 못하고 있는 현실인데, 수많은 제약회사가 이 약품을 팔기 위해 수십억 달러의 홍보비를 지출하고 있다니, 놀라운 일이다. 연간 판매량이 수백억 달러에 이를 정도로 이 약품의 시장 규모가 크다.

렉솔에서 유니시티
인터내셔널까지 120년 역사

1903년, 루이스 리켓이 미국 보스턴에 렉솔 설립

1952년, 북미 최대 규모인 2만 5천 개 약국 체인으로 성장

1970년, 동종요법(Homeopathic Medicine)의 천연의약품 개발

1990년, 바이오스 라이프 프랜차이즈 시작(연평균 30% 성장)

1999년, 〈포춘〉 선정 미국 100대 기업 중 28위 선정

2001년, 엔리치와의 합병을 통해 유니시티로 새롭게 탄생(11개국 동시 오픈)

2008년, 디버서치 비즈니스가 미국 유타주 1위 기업으로 선정

2010년, 지니어스 어워드(최고의 연구개발에 주는 상) 수상

2014년, 바이오스 라이프 이 에너지, 스포츠 후원 프로그램 시작

2016년, 여성가족부 주관 가족 친화 인증 기업 선정

2022년, 최근 5년간 10종 이상의 신제품 출시 및 연구개발 진행 중

2023년, 라스베가스 본사 이전

- 라스베가스 본사&생산시설 이전(11만 평방 피트)

바로 이런 상황에서 유니시티가 스태틴이라는 문제의 화학 약품을 대체하는 천연 약품을 개발하여 임상적으로 그 안전성과 효능을 입증받는 개가를 올렸다. 스태틴을 대체할 가장 안전하면서도 효능이 뛰어난 천연성분 건강 제품, 즉 바이오스 라이프가 탄생한 것이다.

이 놀라운 천연 제품은 해로운 콜레스테롤 수치는 낮추고 이로운 콜레스테롤 수치는 높이는 효능이 다른 유사 제품들보다 평균 3배나 뛰어난 것으로 입증되었다.

유니시티가 탄생시킨 바이오스 라이프가 전에 없던 비즈니스 기회를 제공하게 된 것이다. '바이오스 라이프'에 관해서는 뒤에 별도로 자세히 알아본다.

제품도 제품이지만, 유니시티를 더욱 특별하게 하는 것은 유니시티만의 프랜차이즈 비즈니스 모델이다. 다른 네트워크 기업들이 넘사벽으로 여길 만큼 과감한 수익 분배 시스템이다. 강력한 동기부여와 공정하고도 충분한 보상에 초점을 맞춘 시스템으로, 다른 기업의 프랜차이즈 사업자들이 가장 부러워하는 점이기도 하다.

먼저 대강의 구조를 요약해 말하자면, 20-5-3의 구성 원칙을 제공한다. 유니시티를 처음 시작하는 사업자의 출발을 돕는 데 초점을 맞춘 기본 구성체계다. 가령, A가 처음 유니시티 비즈니스를 시작하면 회사는 5명의 새로운 프랜차이즈 오너와 20명의 새 고객을 찾을 수 있도록 돕는다. 그 프랜차이즈 오너들이 새로 저마다 5명의 프랜차이즈 오너와 20명의 고객을 찾는다. 이런 과정을 3회 반복하면 최초의 프랜차이즈 오너는 연 1억 원의 수입을 거둘 수 있다. 오너들이 시스템에 부속하는 존재가 아니라 저마다 주체적으로 시스템을 구성하는 플랫폼이 되기 때문에 가능한 일이다.

일반 회사든 공공기관이든 기획자가 외부 기관은 물론 내부에서도 기획안을 통과시키려면 프레젠테이션을 한다. 네트워크 비즈니스에서는 이 프레젠테이션의 역할이 더욱 중요하다. 흔히 '사업설명회' 라고 하는데, 여기에 비즈니스의 성패가 달렸다 해도 과언이 아닐 만큼 중요한 과정이다. 그래서 네트워크 사업자는 프레젠테이션의 달인이 되어야 한다. 그런데 달인이 쉽게 될 리는 없다. 꾸준한 노력이 있어야 한다. 하지만 노력한다고 해서 누구나 다 달인이 될 수는 없는 노릇이므로 프레젠테이션에 계속해서 곤란을 겪는 사람도 적잖이 있다.

유니시티는 바로 이런 문제를 해소하기 위해 전문 툴을 마련하여 제공한다. 이해하고 설명하기 쉽도록 핵심을 일목요연하게 정리한 책자, 동영상, 브로슈어 같은 다양한 자료를 만들어 제공함으로써 평범한 사람도 어렵잖게 사업 설명을 진행할 수 있도록 한다. 그러니까 유니시티에서는 굳이 프레젠테이션의 달인이 되려고 버둥댈 필요가 없다.

유니시티는 프랜차이즈 오너가 저마다의 목표를 달성하는 데 필요한 모든 자원을 제공한다. 먼저 '프랜차이즈 성공 스쿨' 을 통해 네트워크 구축에 필요한 과정을 단계별로 배우도록 지원한다. 거기다가 '유니시티 마이비즈'라는 온라인 프로그램을 통해 저마다의 비즈니스를 체계적, 효율적으로 관리하도록 한다. 그 밖에도 비즈니스를 성공시키는 데 필요한 모든 툴을 저렴하게 제공한다.

그뿐이 아니다. 이제 시작하는 프랜차이즈 오너는 이미 크게 성공한 프랜차이즈 오너의 최신 비즈니스 훈련 및 계발 노하우를 습득할 수도 있다. 결국, 비즈니스 성공에 필요한 모든 자원과 지원 서비스를 받을 수 있다는 얘기다. 환상적이지만, 사실이다.

이거 알아요?

'바이오스 라이프' 의 비교우위

유니시티의 핵심 제품인 '바이오스 라이프' 는 세계적인 심장 연구기관과 의대 등에서 수차례에 걸쳐 수행한 실험과 임상 연구를 통해 그 효능과 안전성이 입증되었다. 이 제품의 작용 기전은 다음 7가지로 정리된다.

1. 식이섬유가 콜레스테롤의 재흡수를 방지한다.
2. 폴리코사놀 성분이 간에서 콜레스테롤 합성을 막는다.
3. 국화 추출물이 효소작용을 통해 콜레스테롤 분해를 촉진한다.
4. 소화 기능을 증진하고 체지방을 감소시킨다.
5. 면역력을 증진하여 암 발생률을 낮춘다.
6. 중성지방 수치를 낮춰 지방간을 예방한다.
7. 해로운 LDL(저밀도) 콜레스테롤 수치는 낮추고 이로운 HDL(고밀도) 콜레스테롤 수치는 높여서 고혈압, 동맥경화, 심장마비 등 심혈관계 질환 예방에 탁월한 효능을 보인다.

바이오스 라이프의 주성분인 식이섬유의 가장 중요한 효능은 콜레스테롤 수치

개선이다. 바이오스 라이프는 섭취 2개월 만에 해로운 LDL(저밀도) 콜레스테롤 수치는 30% 이상 낮추고, 이로운 HDL(고밀도) 콜레스테롤 수치는 30% 가까이 높이는 효과를 보인다. 이는 보통사람의 경우이고, LDL 콜레스테롤 수치가 아주 높거나 HDL 콜레스테롤 수치가 아주 낮은 환자는 2배 이상 개선되는 엄청난 효과를 보였다.

유니시티 인터내셔널의 스튜어트 휴즈 회장은 바이오스 라이프의 시장성을 25조 원으로 추산한다. 따라서 금세기 최고의 기회임을 상기시킨다.

"거듭 말씀드리지만, 바이오스 라이프는 임상학적으로 효능이 입증되었고, 특허를 보유하고 있으며, 스태틴 화학 약물의 대안이 될 수 있는 천연성분의 유일한 제품입니다. 25조 원의 시장성을 가진 이 제품은 비즈니스로서 정말 멋진 기회를 줄 것입니다. 여러분에게 드린 독점권을 가지고 전 세계 프랜차이즈를 통해 천만장자가 될 수 있는 금세기 최고의 기회를 놓치지 않기를 바랍니다."

|PDR에 **등재**된다는 것의 **의미**

"유니시티 제품의 PDR 등재가 더욱

대단한 것은 화학제품이 아니라

천연제품이라는 것이다. PDR에 등재되는

의약품의 98%가 화학제품이고 천연제품은

2%에 불과한데, 유니시티의 많은 천연제품이

해마다 그 2%의 좁은 문을 통과하여

등재된다니, 놀랍다. 그만큼 유니시티 제품의

효능과 안전성이 크게 인정받고 있다는 것이다."

_____**여느 사업들과는 달리** 유니시티의 '바이오스 라이프'는 성공한 구성원들의 면면부터 특별하다. 본산인 미국만 봐도 30%가 의학 전문가라니, 신뢰할 수밖에 없는 면면이다. 건강 분야에 종사하는 이들은 환자와 직접 접촉하는 가운데 제품의 탁월한 효능을 체감할 수 있으니 바이오스 라이프의 살아 있는 보증서라고 할 수 있다.

이들은 환자가 진료를 오면 먼저 화학 처방을 할 것인지 천연 처방을 할 것인지부터 묻는다. 천연 처방을 원하는 환자에게는 처방할 제품이 유니시티의 바이오스 라이프라는 걸 알려주면서 PDR에 등재된 제품이라는 정보까지 제공한다.

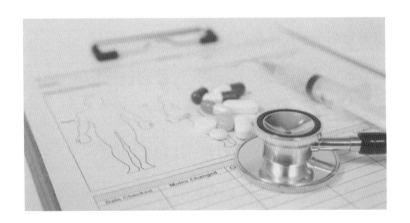

이거 알아요?

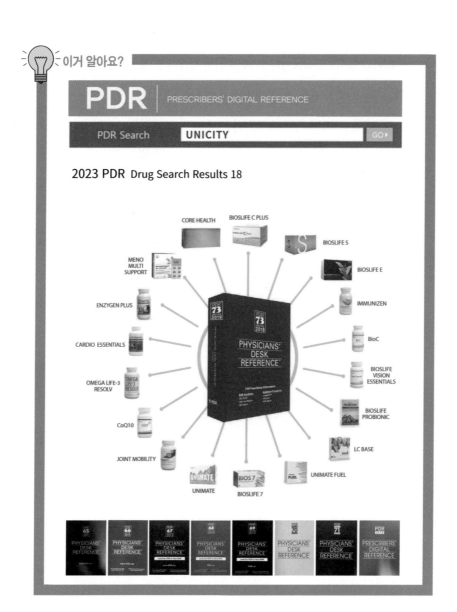

PDR | PRESCRIBERS' DIGITAL REFERENCE

PDR Search | UNICITY | GO▸

2023 PDR Drug Search Results 18

CORE HEALTH
BIOSLIFE C PLUS
BIOSLIFE S
MENO MULTI SUPPORT
BIOSLIFE E
ENZYGEN PLUS
IMMUNIZEN
CARDIO ESSENTIALS
BioC
OMEGA LIFE-3 RESOLV
BIOSLIFE VISION ESSENTIALS
CoQ10
BIOSLIFE PROBIONIC
JOINT MOBILITY
LC BASE
UNIMATE
UNIMATE FUEL
BIOS 7
BIOSLIFE 7

우리나라에서는 PDR이라고 하면 일반인에게는 생소하겠지만, 미국에서는 PDR에 등재된 제품이라는 사실 하나만으로도 굉장한 신뢰를 갖는다. 대체 PDR이 뭐길래 그럴까?

PDR은 'Physicians Digital Reference'의 머리글자로, (약품 리스트가 실린) 의사용 편람을 말한다. 미국의약협회가 참여해 1947년 이래로 매년 최신 정보를 업그레이드하여 펴내는 '의료인을 위한 우수 의약품 정보 자료'로, 50만 부 이상이 발행되어 의사, 간호사, 약사 등 미국 내 의료인이 볼 수 있도록 배포된다. 이들 의료인이 취급하는 의약품 및 건강기능식품 등에 대한 처방 및 임상 정보를 망라하고 있다니, 그만큼 공신력 높은 편람이다.

바로 이처럼 세계적인 권위의 영향력을 행사하는 이 책자가 처음 발행된 1947년판에 렉솔 제약회사의 31개 의약품이 등재된 이래로 유니시티에 와서도 변함없이 18종의 제품이 등재되고 있다. 어지간한 네트워크 업체의 제품은 단 1종도 등재되기 어렵다는데 말이다.

유니시티 제품의 PDR 등재가 더욱 대단한 것은 화학제품이 아니라 천연제품이라는 것이다. PDR에 등재되는 의약품의 98%가 화학제품이고 천연제품은 2%에 불과한데, 유니시티의 많은 천연제품이 해마다 그 2%의 좁은 문을 통과하여 등재된다니, 놀랍다. 그만큼 유니시티 제품의 효능과 안전성이 크게 인정받고 있다는 것이다.

그렇다면 특정 제품이 어떤 과정을 거쳐 인정받아야 PDR에 등재되는 걸까?

어떤 제품이 PDR에 등재되려면 먼저 3~4단계에 걸쳐 시행되는 임상시험을 모두 통과해야 한다. 이 과정에서 효능, 독성, 부작용 등 시험 제품에 관한 모든 정보가 빠짐없이 기록된다. 시험을 통과하여 등재되면 그런 정보도 함께 실린다. 그러니 PDR은 FDA(미연방식품의약국)에서 제공하는 처방전이 필요한 의약품에 대해 중요한 정보를 제공하는 한편, 필요 없는 약품이나 건강기능식품에 대해 거의 모든 의료기관, 약국, 도서관 등에서 활용하는 FDA의 가장 권위 있는 정보가 담긴 책자가 될 수밖에 없다.

저명한 미래학자 앨빈 토플러가 일찍이 《부의 미래》에서 PDR을 거론한 것도 우연만은 아니다. 병원에서 환자들이 의사를 상대하여 주도적으로 행동할 수 있게 된 것이 PDR 덕분이라니, 참 대단한 책자다.

"사람들은 건강 문제에 갈수록 더욱 깊은 관심을 기울이게 되었다. 그러면서 의사와 환자 사이의 전통적인 관계에 변화가 일어나 환자가 점점 더 주도적인 역할을 하게 되었다. 의사들은 얼굴을 채 익히기도 전에 끊임없이 방문하는 환자들 저마다의 각기 다른 진료 정보와 건강 상태를 알고 있어야 한다. 그런 가운데 교육 수준이 높고 끈기와 인터

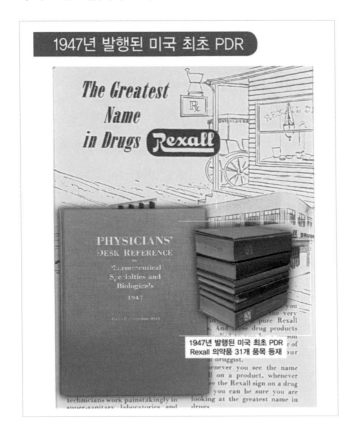

1947년 발행된 미국 최초 PDR
Rexall 의약품 31개 품목 등재

넷으로 무장한 환자들은 사실상 특정 질병에 대해 의사보다 더 많은 최신 연구 자료를 습득하는 상황이다. 환자들은 인터넷에서 프린트한 자료며, PDR에 실린 사진이나 의학 전문지, 건강 관련 잡지의 기사를 복사해 와서 의사에게 질문을 던진다. 이제 환자들은 더는 의사들의 가운만 보고서 고개를 끄덕이지 않는다."

결국은 **시스템,**
즉 **플랫폼**이 **답**이다

"21세기를 주도할 미래형 비즈니스인

네트워크 비즈니스는 변화된 21세기형

비즈니스로 주목하고 있다.

첨단산업과 아이템이 주목받고

사람과 사람 사이의 관계망이 중시되는 한편

시공간의 한계를 극복한 SNS를 통해 무형의

관계망이 무한대로 확장되는 환경을

맞은 것이다."

오늘날 4차 산업혁명으로 직업의 판도가 요동치는 가운데 미래 직업이라고 하면 플랫폼과 네트워크 비즈니스, 헬스케어 항목이 빠지지 않고 들어간다. 그런데 유니시티 프랜차이즈 비즈니스는 바로 이 세 가지 요소가 결합한 것이니, 미래 직업의 결정판이라 해도 과언이 아니다.

네트워크 비즈니스라고 해서 모두가 저마다의 오너에게 진정한 플랫폼의 기회를 주지는 않는다. 유니시티만이 제공하는 획기적인 기회라고나 할까. 유니시티 비즈니스에서 저마다의 오너가 플랫폼이 될 수 있는 이유는 유니시티가 네트워크 비즈니스 시스템을 '제로섬 게임'이 아니라 '누적 게임' 방식으로 설계했기 때문이다. 수입 구조, 즉 보상 체계가 상대평가가 아니라 절대평가로 이루어진다는 뜻이다.

유니시티의 비즈니스 플랫폼으로서 월 억대 수입을 올릴 수 있는 비결은 '누적되는 2차 보너스'에 있다. 나로부터 시작된 1세대부터 12세대까지의 네트워크에서 발생한 모든 매출에서 로열티를 지급하기 때문이다. 다른 회사들과는 차원이 다른 보상체계다. 성취 보너스 월 최대 1억 원 말고도 차량 유지비 월 최대 100만 원, 강사 보너스 월 최대 50만 원, 세계 여행 연 2회 등의 다양한 부가 보너스까지 있다.

지적 재산권, 즉 저작권에서 발생하는 로열티, 즉 인세는 평생토록 그리고 사후 70년까지 받는 수입이다. 노래방에 가서 노래 한 곡을 불러도, 카페에서 가서 노래 한 곡을 신청해서 들어도 저작권에 따른 로열티가 발생한다.

세계적으로 명성을 얻은 가수들이 저작권료로만 많게는 수억 달러에서 적게는 수천만 달러까지 벌어들인다. 비틀즈 멤버인 폴 매카트니는 저작권료로 무려 12억 달러를 벌어들였다. 히트곡이 연이어 나와서 쌓이면서 수입이 누적되는 하나의 플랫폼이 형성된 덕분에 그런 천문학적인 수입이 가능해진 것이다.

작가로는 《해리 포터》 시리즈를 쓴 조앤 롤링이 엄청난 로열티를 발생시키는 플랫폼이 된 사례로는 대표적이다.

남편과 이혼한 스물아홉 살의 롤링은 생후 4개월 된 딸을 데리고 포르투갈에서 영국으로 돌아와 정부 보조금으로 겨우 연명했는데, 어린 딸 때문에 죽지 못해 산다. 그러던 어느 날, 학생 시절에 쓰던 노트를 발견한 것을 계기로 오래 미뤄두었던 작가의 꿈에 도전한다. 《해리 포터》 시리즈 1권을 완성한 그녀는 출판사들을 찾아다니지만 12번이나 거절당한다. 이쯤 되면 포기할 만도 하건만, 자기 작품의 가치를 굳게 믿은 롤링은 끝까지 포기하지 않는다. 1996년, 마침내 13번째로 찾아간 출판사에서 2천 달러의 계약금을 받고 원고를 넘긴다.

결국, 실패를 두려워하지 않는 마음, 자신을 믿는 마음이 그녀를 오늘날 세계에서 가장 많은 수입을 올리는 작가로 우뚝 세운 게 아닐까. 하버드대 졸업식 축하 연사로 나선 롤링은 '실패'에 관한 감동적인 연설을 남겼다.

"모든 실패를 피하려 하지 마세요. 실패를 겪지 못한다면 그것이 만들어내는 인생의 가치를 얻지 못할 것입니다. 저는 많은 실패를 경험한 덕에 실패에 대한 두려움에서 벗어날 수 있었습니다. 세상을 바꾸는 데 마법은 필요 없습니다. 그 힘은 이미 우리 안에 있습니다. 우리는 더 나은 세상을 상상할 힘을 지녔습니다. 삶은 힘들고 복잡하고 우리 뜻대로 되지 않습니다. 이 사실을 알고 겸허히 받아들이면 그 어떤 고난도 이겨낼 수 있습니다."

네트워크 비즈니스를 통해 로열티 수입을 올리는 것은 플랫폼 효과인데, 가만히 있어도 돈이 들어오는 파이프라인을 구축하는 것과 같다. 파이프라인은 처음 설치할 때 공력이 들고 힘이 들지 일단 설치해 놓으면 이보다 편하고 경제적인 게 따로 없다.

비즈니스는 어떻게 보면 그 이치가 농사와 같다. 봄에 씨를 뿌려야 가을에 거둘 수 있다. 비즈니스에서 플랫폼, 즉 파이프라인을 구축하는 것은 농사에서 씨를 뿌리는 것과 같다.

옛날 어느 사막에 톰과 짐이라는 두 청년이 살았다. 농사 지을 땅을 갖지 못한 두 청년은 버려진 사막으로 가서 농사를 지었다. 두 청년은 하루 내내 상당히 떨어진 오아시스에서 물을 길어다 저마다 자기가 농사 지을 땅을 적셨다. 하루라도 물을 길어다 붓지 않으면 땅은 금세 메말라서 작물이 타버리니, 그 고된 노동을 하느라 하루도 쉴 새가 없었다.

그러다 톰은 이런 식으로 계속 농사를 짓다가는 일만 하다 죽고 말겠다는 생각이 들었다. 그래서 궁리 끝에 짐에게 제안한다. 해가 지면 날마다 몇 시간씩 오아시스에서 물을 끌어오는 파이프라인을 설치하자고. 하지만, 짐은 거절한다. 지금 방식으로도 굶지 않고 사는 데 지장이 없는데, 왜 사서 고생을 하느냐고. 톰은 하는 수 없이 혼자서 밤늦도록 일하면서 몇 달에 걸쳐 파이프라인을 설치한다.

그 덕분에 기존보다 수십 배나 넓은 땅에 물을 댈 수 있게 되었다. 그것도 가만히 앉아서. 그리하여 톰의 농장은 끝도 없이 점점 더 커졌다. 짐은 어떻게 되었냐고? 톰의 배려로 수로 관리책임자가 되어 파이프라인을 더 넓은 지역으로 퍼뜨리는 사업에 동참하게 되었다.

유니시티 사업의
시스템은!

유니시티는 2001년 첫해 매출 20억 원을 시작으로 2010년까지 10년간 꾸준한 성장세로 저력을 비축한 끝에 2011년부터 급성장하여 2016년에는 연 매출 3,000억 원을 훌쩍 넘기는 기적적인 성장세를 보였다. 코로나 사태로 매출이 일시적으로 줄어드는 등 성장세가 주춤했지만, 워낙 시스템이 탄탄하여 금세 반등에 성공함으로써 이제 연 매출 5,000억 원을 앞두고 있다.

많은 초기 사업자의 선택 이유 ①

1. 전통에 빛나는 100년이 넘은 역사

2. 진취적인 경영 정신과 올바른 철학

3. 자신 있게 내놓을 세계 최고의 제품

4. 부를 쌓기 쉬운 합리적인 보상체계

5. 시대정신에 부합한 비즈니스 타이밍

6. 진실을 바탕으로 한 올바른 시스템

우리나라에서는 1995년 네트워크 비즈니스 관련 법안이 제정된 이후 30년에 이르는 동안 1,000여 업체가 생겨나고 그중 900여 업체가 사라졌다. 그 900여 업체는 대부분 설립한 지 10년을 못 버티고 망했다. 다시 말해, 10년을 넘긴 기업들만 살아남은 것이다. 그런 면에서 보면, 현재 시점으로 120년을 버티며 성장해온 유니시티의 성장은 범접하기 어려운 저력을 품고 있다 할 것이다. 그래서 유니시티 사업을 시작할 때 10-10-10 법칙을 확인하고 사업을 시작하면 된다.

초기 사업자가 회사 선택시 체크해야 할 사항 ②

1. 적어도 설립한 지 10년 이상 된 회사인가?

2. 적어도 10개국 이상에 진출한 글로벌 회사인가?

3. 적어도 10세대까지 로열티 수입을 보장하는 시스템인가?

유니시티는 2023년 현재 세계 64개 국가에서 비즈니스를 펼치고 있다. 무엇보다 12세대까지 로열티 수입을 보장하는 획기적인 보상체계로 다른 회사 사업자들의 부러움을 사고 있다.

|감사는 나의 힘, 나의 축복

1. 첫번째 감사

2001년 유니시티를 만나기 전 건강하지 못한 신체구조와 생활습관으로 여러 가지 질환으로 많이 불편한 상태였다.

엄마 또한 항상 몸이 안 좋으셔서 약을 달고 살으셨고 당뇨 합병증과 여러가지 질환으로 힘든 상황에서 유니시티의 제품 도움으로 가족 모두의 건강에 도움이 된 것이 첫번째 감사이다. 구순 잔치 때 건강하고 활력 넘치시는 엄마의 모습은 우리 가족 모두의 큰 기쁨이었다.

2. 두번째 감사

　환경과 소비자를 생각하는 제약회사였던 유니시티는 직접 판매방식으로 전 세계 64개국(현재)에 자사가 개발한 제품을 공급하고 있다.

　서비스로 제공하는 로컬 상품은 멤버십이 늘어날수록 경쟁력이 커지고 있다. 환경과 사람에게 도움을 주는 생활필수품들이 계속 늘어나며 누적 캐쉬백 20%의 평생 자격을 갖게 되는 소비자들은 정기구독(오토십 프로그램)시 10% 할인 혜택까지 활용할 수 있다.

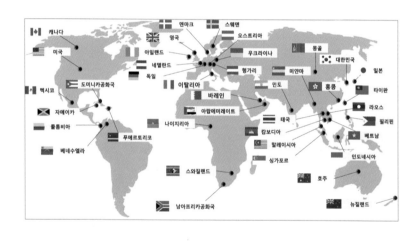

3. 세번째 감사

함께하는 사업자들이 부를 가질 때 감사.

유니시티는 누구나 20% 누적자격으로 소비자만 많아도 부수입이 크지만 이 시대 네트워크 마케팅의 비전과 가치는 멤버십에 대한 인세소득이다.

조직수당은 대실적과 소실적에 대한 12세대까지의 수입을 모두 인정해 주기에 시간이 지날수록 멤버십이 늘어날수록 가치가 커진다.

네트워크 마케팅 사업은 함께 꿈을 꾸고 함께 도우며 시련을 극복하고 성장한다. 사업파트너가 성장하여 무대위에서 스피치할 때 스폰서가 객석에서 가장 큰 기쁨의 눈물을 흘린다.

4. 네번째 감사

전세계 64개국의 나라에서 외화수입 가능.

우리가 사랑하는 대한민국은 수 많은 외세침략으로 얼룩진 역사를 가지고 있다. 우리의 선조들이 이 나라를 지키기 위해 피로 얼룩진 나라이다. 에너지자원이 크게 없는 우리나라가 전세계에 유니시티 플랫폼이 형성되어 자손대대로 수입이 한국에 들어온다면? 그런 나라를 후손에 물려준다면? 지금 한국 유니시티 사업자 모두가 가슴에 품고 있는 간절한 꿈이고 사명이다.

5. 다섯번째 감사

유니시티 사업은 서로가 돕고 사랑하는 팀워크 사업이다. 한국의 성장을 매일 매일 기도해주시는 스폰서님들이 계시기에 지금의 성장이 가능했다.

- 왼쪽부터 토드스미스&조이스미스, 그렉매틱, 필립송, 이진성&강현선

6. 여섯번째 감사

    10년 전 하나님을 만나기 전 나에게 유니시티는 그냥 성공의 도구였다. 하나님을 만나고 유니시티는 사랑을 실천하는 가장 훌륭한 도구라는 것을 알게되었다.

꿈을 꿉니다...생생하게...
많은 사람들이 건강해지기를...
열심히 사는 선한 사람들이 경제적으로 풍요해지기를...
대한민국이 외화 수입으로 부유한 나라가 되는 것을...
그리고 우리가 서로 사랑하기를.

이제 나의 꿈은 전 세계 유니시티 플랫폼 시장으로 형성된 매 달 인세수입으로 봉사와 나눔을 실천하는 것이다.

나의 이런 꿈을 많은 사업파트너들이 함께 하고자 각오들을 하신다. 그래서 더욱 더 크게 성장하고자 최선을 다하고 있다. 내가 생각하는 유니시티 사업은 가장 쉽고 즐겁고 가치 있는 행복이다.

2장

같은 속도로 달리면 부를 얻을 수 없다

태어난 이후의 인생은 속도가 좌우한다.
더구나 불리한 조건에서 출발하는 인생이라면
더욱 속도가 중요하다.

그런데 인생의 속도는 무작정 빠르기만 하다고 해서
다 되는 건 아니다.
알다시피 인생은 100미터 달리기가 아니라 마라톤이다.

변화는 기회다

"새로운 지식의 창출 속도는 점점 더 빨라지고,

하루가 다르게 정보가 넘쳐난다.

이제는 누가 정보를 얼마나 많이

알고 있는가가 중요하지 않게 되었다.

지식의 양보다는 세상의 변화를 읽어내고

필요할 때 원하는 정보를 바로 찾아내

창의적으로 활용할 수 있는 능력이

더 중요해진 세상이다."

_____**4차 산업혁명으로 인해** 변화는 예고되어 있었지만, 코로나 사태로 인해 그 변화의 폭과 속도가 예측을 불허할 만큼 광범위하고 빠르게 진행되고 있다.

이런 변화는 많은 부분에서 우리를 위기에 빠뜨리지만, 한편으로는 엄청난 기회를 주기도 한다. 그래서 변화는 위기이자 기회라고 한다.

새로운 지식의 창출 속도는 점점 더 빨라지고, 하루가 다르게 정보가 넘쳐난다. 이제는 누가 그 정보를 얼마나 많이 알고 있는지는 점점 더 중요하지 않게 되었다. 지식의 양보다는 세상의 변화를 읽어내고 필요할 때 원하는 정보를 바로 찾아내 창의적으로 활용할 수 있는 능력이 더 중요해진 세상이다.

우리는 이런 급변의 시대에 흔들리는 가치관으로 불안하게 살아가고 있다. **아무리 잘살아 보려는 열망으로 들끓어도 잘산다는 데 대한 기준이나 개념이 정립되어 있지 않고 올바른 길로 안내해줄 사람도 없으니 도무지 갈피를 잡을 수 없고 혼란스럽기만 하다. 이런 혼란의 시대일수록 우리는 깊고 넓게 멀리 내다봐야 한다.**

이렇게 급변하는 혼란의 시대에서 새로운 가치관으로 삶에 대처해 나갈 때 필요한 것이 바로 부에 대한 적극적인 태도다. 지금까지 돈에

허덕이는 삶을 살아왔다면, 이제는 돈에 구애받지 않는 삶, 즉 성공적인 삶을 살아야 할 것이다. 그러려면 봉급생활자가 아니라 비즈니스 리더가 되어야 한다. 변화의 세계에서 비즈니스는 더없이 좋은 기회다. 스스로 비즈니스를 끌어나가는 리더, 즉 비즈니스 플랫폼을 운영하게 된다면 돈에서 자유로운 사람, 진정으로 성공한 사람이 될 수 있다.

여기에다 코로나 사태는 전 세계적으로 비즈니스를 혼란에 빠뜨리고 새로운 운영 방식에 적응하도록 강요하게 되었다. 이제 차츰 일상이 회복되어 가면서 비즈니스는 포스트 코로나 시대의 변화에 대비하는 것이 무엇보다 중요하게 되었다. 코로나 이후 비즈니스 성공을 위한 전략은 다음 5가지로 요약된다.

포스트 코로나 이후 비즈니스 성공 전략 5가지

1. 디지털 전환의 수용

원격 작업 옵션 구현, 정보에 입각한 의사 결정에 필요한 데이터 분석 활용.

2. 유연성에 집중

변화하는 시장 상황, 고객 요구 및 공급망 중단에 대응하여 신속한 방향 전환.

3. 강력한 온라인 인지도 구축

웹사이트 기능, 소셜 미디어 참여 및 온라인 고객 서비스 개선 포함.

4. 지속 가능성에 초점

제품 및 서비스에서 지속 가능성을 우선시.

5. 정보를 얻고 적응력 유지하기

변화하는 시장 상황, 소비자 행동 및 글로벌 트렌드 정보를 지속

진짜 부자와 가짜 부자

"지금 당신이 가짜 부자라는 걸 알았다면

망설일 이유가 없다.

진짜 부자로 가는 길이 누워서 떡 먹기처럼

쉬운 일이라면 세상에 부자 아닌 사람은

없을 것이다.

의심을 거두고 결단을 내린 사람은

진짜 부자가 되었고, 그렇지 못한 사람은

그 입구를 서성거리며 여전히

가난한 가짜 부자로 살고 있다."

사람들은 대개 자기가 가난하다고 여긴다.

무엇에서든 만족하지 못하고 늘 부족하다고 느끼는 것이다. 부의 기준이 남의 잣대에 맞춰져 있기 때문이다. '남의 잣대'는 대개 미디어에서 유포하는데 사람들은 이 잣대를 기준으로 상대적 박탈감을 느낀다.

옛날에는 끼니 걱정만 하지 않아도 부자 소리를 들었는데, 요즘에는 자기 집을 갖고 웬만한 문명의 혜택과 여가를 누리고 사는 사람도 부자 소리를 듣기 어렵고, 본인도 부자라고 여기지 않는다. 흔히들 '마음만 비우면 부자라고 여기며 편하게 살 수 있는데, 왜 그런지 모르겠다'고 하는데, 실상을 들여다보면 그렇지만도 않다.

겉으로 보기에는 넓은 아파트에 좋은 차를 갖고 살면서 잦은 외식에 아이들 과외까지 시키니 물려받은 재산이 많거나 소득이 높은 부자가 틀림없다. 하지만 자산 가치만 따지면(집값 거품으로) 쉽게들 10억 원이 넘어가니 부자라고 할 수도 있겠다.

하지만 대개 그런 모습이 빚으로 유지되는 중산층의 삶이다. 소득이 평균보다 높긴 하지만, 다달이 적잖은 은행 이자와 보험료 내고 아이들 학원비까지 감당하다 보면 생활비까지 빠듯해서 목돈이 필요한 상황에는 추가 대출에 의지해야 한다. 그렇게 이자는 늘어나고 저축은 꿈도 못 꾸니 악순환이 깊어진다.

이른바 중산층의 형편이 이러니 서민들의 주머니 사정은 더 열악할 수밖에 없는 현실이다. 수년째 실질소득은 거의 늘어나지 않고 있는데, 물가는 갈수록 가파르게 오르고 생활비는 늘어나기 때문에 살기가 점점 더 팍팍해지는 것이다.

현재 소유한 자산 가치나, 누리고 사는 문명 혜택을 보면 부자로 볼 수 있다. 하지만 매달 돈 걱정을 하고 산다면 진짜 부자라고 할 수 없다. **부자의 기준은 저마다 다르겠지만, 나는 매달 생활비 걱정 없는데다가 빚도 없으면서 저축이 꾸준히 늘어나는 상태라면 진짜 부자라고 생각한다.** 이런 상태는 고정된 월급 생활로는 거의 이루기 어렵다.

돈이 돈을 벌어주고 시스템이 돈을 벌어주는 구조가 되어야만 가능한 일이다. 진짜 부자는 한마디로 정기적으로 '돈이 들어오는 파이프라인을 갖춘 사람' 이다.

그렇다면 이제 자기가 진짜 부자인지 가짜 부자인지 따져보는 일은 그리 어렵지 않을 것이다.

지금 당신은 원하는 삶을 충분히 누리며 살고 있는가?

그렇지 않다면 왜 그럴까? 혹시 그 이유를 생각해보지 않았다면 하루하루의 삶을 살아내기에 급급한 나머지 왜 자신이 불만족스러운 삶을 살고 있는지, 그 이유를 생각할 겨를조차 없는 것이다. 그러니 아무리 애써도 삶이 한 걸음도 더 나아질 수가 없다. 더 나은 삶을 살고 싶다면 이젠 생각해봐야 할 문제다.

지금 당신은 어떤 집에서 어떤 가족을 이루고 어떤 일을 하면서 살고 있나? 봉급생활자나 자영업자일 수도 있고, 사업가나 투자가일 수도 있다. 실직이나 육아로 인해 아직 직업이 없을 수도 있겠다.

봉급생활자라면 저축도 하면서 여유로운 생활을 즐길 만큼 충분한 월급을 받고 있는가?

그렇지 못하다면 당연하다. 봉급생활자 10명 중 1명만이 재정상 독립적이고 안정된 생활을 누릴 뿐이고 9명은 평생 밥벌이하느라 뼈 빠지게 일만 하다 늙어간다는 통계가 있다. 돈의 순환 구조에서 당신 스스로 시스템이 되지 못하고 그 시스템에 의존하는 부품 역할에 그치게 되므로 생존에 필요한 최소한의 빵만 겨우 얻을 뿐이다. 그나마도 노동을 멈추는 순간 끊기고 만다.

자영업자나 전문직 종사자라면 좀 나을까?

수입은 좀 나을 수도 있겠지만, 노동을 멈추는 순간 수입도 끊긴다는 점에서는 봉급생활자와 다름없다. 게다가 자영업에 뛰어든 100명 중 85명은 창업 5년 이내에 폐업하고, 10명은 현상 유지에 급급하며, 결국은 5명만이 살아남는 현실에 우린 살고 있다.

그러나 당신이 사업가나 투자가가 되면 어떨까?

입지, 즉 딛고 있는 땅 자체가 다르다. 당신 자신이 바로 시스템이 되거나 그 시스템에 투자하기 때문이다. 무엇보다 지속하여 수입이 생긴다는 점이 다르다. 사업가라면 시스템이 자리를 잡아 안정되면 본인이 한동안 노동을 쉬더라도 수입은 끊임없이 생긴다. 투자가라면 투자에 성공하는 경우 노동이 아니라 돈이 돈을 버는 시스템을 갖게 된다.

그렇다면 사업자금이나 투자금은 어떻게 마련할까?

이런 의문이 드는 건 당연하다. 당장 한 달 여유도 없이 노동으로 살아가는 처지에 그런 돈을 마련하기란 막막할 수밖에 없다. 그럼 일단 투자가는 논의에서 제외하고 '사업가가 되는 길'에 대해 알아보자.

전통적으로 사업가의 길에는 두 가지가 있다.

하나는 손수 시스템을 만드는 것, 즉 회사를 설립하는 것이다. 회사 설립에도 적잖은 자금이 들어간다. 스타트업이다 뭐다 해서 외부에서 투자를 받을 수는 있지만, 획기적인 아이템이나 새로운 기술력을 요구하는데다가 수백 대 일의 경쟁을 뚫고 사업자로 선정되어야 하는 좁디좁은 문이다.

다른 하나는 시스템을 사는 것, 즉 프랜차이즈에 가맹하여 사업을 하는 것이다. 이 사업도 시작하려면 수억 원이 필요하다. 적어도 1억 5천만 원은 있어야 한다고 한다. 게다가 창업한 가게 3곳 중 2곳은 5년 이내에 사라진다고 한다. 이게 현실이다.

그러나 아직 실망하기는 이르다. 큰돈 없이 사업하는 길이 남아 있기 때문이다. 이미 만들어진 시스템에 합류하는 것이다. 합류하는 데 필요한 비용, 아니 투자금은 대개 어렵잖게 감당할 수 있는 금액이다. 큰 부담 없는 금액으로 시스템에 합류하는 것, 바로 선진국형 네트워크 비즈니스다.

세계의 억만장자들이 하나같이 찬사를 마다하지 않은 미래형 비즈니스 모델이다. 21세기 최고의 혁신기업가 빌 게이츠가 자신이 컴퓨터 사업을 하지 않았더라면 네트워크 비즈니스를 했을 것이라고 단언했을 정도다. 21세기형 유통산업으로 변화의 물결을 이끌어갈 혁신적인 비즈니스다.

이제 선택만이 있을 뿐이다. 변화를 두려워하면서 계속 돈의 노예로 살 것인가? 아니면 과감하게 변화에 몸을 던져 돈을 노예로 부리는 길로 들어설 것인가? 물론 마음의 선택이야 어렵지 않을 것이다. 누군들 평생을 돈의 노예로 살고 싶겠는가?

하지만 막상 실행으로 옮기려면 결단을 내리기가 쉽지 않다. 저마다 망설이는 이유도 다양하다. 그런데 예외 없이 공통된 이유가 하나 있다. '과연 잘 될까' 하는 의심이다.

지금 당신이 가짜 부자라는 걸 알았다면 의심하고 망설일 이유가 없다. 진짜 부자로 가는 길이 누워서 떡 먹기처럼 쉬운 일이라면 세상에 부자 아닌 사람은 없을 것이다. **의심을 거두고 결단을 내린 사람은 진짜 부자가 되었고, 그렇지 못한 사람은 그 입구를 서성거리며 여전히 가난한 가짜 부자로 살아가고 있다.**

전혀 **다른 삶**을 향한 **첫걸음**

"다른 삶을 향해 내딛는 첫걸음은

목표를 설정하는 것에서 시작된다.

목표 설정은 새로운 삶을 성취하는 데

중요한 역할을 한다.

효과적으로 목표를 설정하여 실행하려면

다음 몇 가지 원칙을 지킬 필요가 있다."

전혀 다른 삶을 향해 첫걸음을 내딛는 것은 말처럼 쉽지가 않다. 일생일대의 모험이고 도전이어서 지금 이나마 삶조차 잃지는 않을까 두렵기 때문이다. 지금 가진 것을 걸 만큼 대단한 용기가 필요한 일이고, 더 나은 삶을 향해 나아가는 진취적인 기상이 필요한 일이다.

다른 삶을 향해 내딛는 첫걸음은 목표를 설정하는 것으로부터 시작된다. 목표 설정은 새로운 삶을 성취하는 데 중요한 역할을 한다. 효과적으로 목표를 설정하여 실행하려면 다음 몇 가지 원칙을 지킬 필요가 있다.

이거 알아요?

목표를 설정하여 실행하는 원칙 4가지

1. 성격에 따라 목표를 명확하게 분류

목표를 단기/중기/장기, 생활/직업, 성장/성과 등의 특성으로 분류하여 각기 적합하게 설계한다.

2. 과도한 목표 설정은 금물

목표를 차질 없이 성취하려면 선택과 집중이 필요하다. 중요한 목표 몇 가지에 집중하여 성취하고 다음 목표를 향해 나아간다.

3. 구체적이고 명확한 목표 설정 필요

목표가 추상적이고 모호하면 성취할 목표가 없는 바나 다름없다.

4. 목표는 상황에 따라 유연한 대처 필요

목표는 상황에 따라 늦춰지거나 변경되거나 교체되거나 취소될 수도 있다는 사실을 인정해야 한다. 유연성이 없으면 목표를 위한 목표가 되어버릴 수 있다.

목표를 설정하게 되면 새로운 길을 가는 데 대한 두려움을 떨치는 데도 도움이 된다. 목표가 생기면 도전의식이 고취되고 용기가 자라기 때문이다.

사람이 어떤 환경에 오래 익숙하게 되면 그것이 열악하고 고통스러운 현실인데도 불구하고 그 상황을 벗어날 생각을 하지 못하게 된다. 아니, 생각은 하면서도 결행하지 못하는 것이다. 자신감이 없어서이기도 하고 두려움 때문이기도 하다. 자기 자신을 믿지 못한 나머지 주어진 현실에 발이 묶여 더 나은 미래를 체념하는 것이다.

이런 상태를 다른 말로 '학습된 무력감' 이라고도 한다. 피할 수 없거나 극복할 수 없는 환경에 반복적으로 노출되어 무력감이 학습되면, 나중에는 실제로 피하거나 극복할 힘이 생기더라도 그런 시도조차 안 하고 지레 포기한다는 것이다.

학습된 무력감은 실패에 대한 두려움에서 비롯한다. 이는 부정적인 생각을 불러일으키고, 그 생각은 경험이 쌓이면서 더욱 증폭된다. 실패를 성공으로 가는 여정에서 당연히 치러야 하는 비용이 아니라 일어나서는 안 될 낭비로 여기는 현대 자본주의 사회에서는 더욱 그렇다. 이런 학습된 무력감을 극복하고 앞으로 나아가는 데는 새로운 목표를 설정하여 실행하는 것이 크게 도움이 된다.

속도의 **차이**가
부의 **차이**를 만든다

"돈을 버는 속도도 마찬가지다.

다른 사람이 만들어 운영하는 시스템에 속해

월급을 받고 일하는 것은

두 발로 달리는 것이나 마찬가지여서

속도에 한계가 있다.

잘해야 현상 유지나 하는 것이고

뒤처진 출발을 만회하고 추월하기는

거의 불가능하다."

_____우리는 저마다 어떤 환경에서 누구의 자식으로 태어날지, 또 남자로 태어날지 여자로 태어날지, 게다가 어떤 생김새로 태어날지도 전혀 모르고 태어난다. 태어나는 데는 어떤 선택권도 없다는 얘기다. 순전히 운명이다.

그러므로 인생은 저마다 출발선이 다를 수밖에 없다. 비슷한 부류로 묶일 수는 있겠지만, 태어난 삶의 조건은 백이면 백, 다 다를 수밖에 없다. 한집에서 태어나 자란 형제라도 그렇다. 지금은 그렇지 않지만 얼마 전만 해도 공부시키는 데 아들과 딸 차별이 있었고, 차별이 아니라도 신체 조건이나 지능지수 같은 학습능력 조건이 다 다르게 태어나게 마련이어서 형제라도 인생의 출발선이 조금씩이나마 달랐다.

그러므로 태어난 이후의 인생은 속도가 좌우할 수밖에 없다. 더구나 불리한 조건에서 출발하는 인생이라면 더욱 속도가 중요하다.

그런데 **인생은 무작정 빠르기만 하다고 해서 다 되는 건 아니다. 알다시피 인생은 100미터 달리기가 아니라 마라톤이다.** 그런데 100미터를 달리는 속도로는 마라톤 코스를 완주할 수 없다. 42킬로미터를 끝까지 달릴 수 있는 속도가 가장 빠른 속도다. 달리기 시합에서 거북이가 토끼를 이긴 비결이 바로 여기에 있다. 지치지 않는 속도로 쉬지 않고 달리는 꾸준함이다.

돈을 버는 것도 같은 이치다. 속도의 차이가 부의 차이를 만든다. 남과 다른 속도를 내는 첫 번째 조건은 멈추지 않는 것이다. 속도가 중요하다고 해서 일확천금을 노리는 것은 마라톤을 100미터 달리기 속도로 내달리는 것만큼이나 무모하고 어리석은 일이다.

결정적으로는 멈추지 않고 달리되, 달리는 방법을 바꾸는 것이 중요하다. 아니, 달리기의 개념 자체를 바꾸어야 한다. 체력 1의 소모에 1미터를 가는 방식의 온몸 달리기의 속도는 한계가 있어서 늦은 출발을 만회하고 역전시킬 만큼의 충분한 속도를 내기는 어렵다. 그럼 어떻게 할 것인가?

방법이야 간단하다. 자전거를 타면 된다. 더 속도를 내고 싶으면 자동차, 나아가 비행기를 타면 눈부신 속도로 달릴 수 있다. 다만, 탈것을 마련하는 데는 밑천이 들어간다.

돈을 버는 속도도 마찬가지다. 다른 사람이 만들어서 운영하는 시스템에 속해서 월급 받고 일하는 것은 두 발로 달리는 것이나 마찬가지여서 속도에 한계가 있다. 잘해야 현상 유지나 하는 것이고 뒤처진 출발을 만회하고 추월하기는 거의 불가능하다.

학원 강사를 예로 들어보자. 유명 학원에 채용된 A는 과목도 수학인데다가 실력 있는 강사여서 월 3,000만 원의 매출을 올려준다. 그러기까지는 극도의 체력 소모와 스트레스가 따른다. 그런데도 매출 가운데 3분의 1도 안 되는 800만 원의 월급을 받을 뿐이다. 거기서 건강 관리와 체력 유지에 들어가는 돈이 매달 300만 원쯤 된다. 실질소득이 월 500만 원 남짓이니 일반 직장인과 별다를 게 없다.

그래서 A는 시스템에 속할 게 아니라 직접 시스템을 만들기로 작정하고 작업에 들어갔다. 은행 대출을 받아 지금 사는 데보다 넓은 오피스텔을 얻어 이사한 후 공간을 분리하여 널찍한 공부방을 마련했다. 그리고 명문대/특목고 대비 집중 점검 고액 주말반 4팀과 평일 저녁 반 4팀을 운영할 계획을 세우고, 낮에는 고시학원에 나가 강의했다.

처음에는 계획한 팀이 제대로 짜이지 않아 월 1,000만 원 정도의 수입에 그쳤지만, 차츰 수입이 늘어나 1년이 지난 후에는 월 3,000만 원을 훌쩍 넘기더니, 3년쯤 되어 교육방송에 출연하고 자기 이름으로 낸 교재가 인기를 끌면서 몸값이 천정부지로 솟아 월 수억 원의 수입을 올리게 되었다. 그야말로 가속이 붙은 속도가 부의 차이를 만들어낸 것이다.

긍정하는 마음이 **상황**을 **바꾼다**

"우리 일상에서도 그렇지만, 특히 사업가가

가져야 할 태도나 마음가짐을 말할 때

맨 먼저 꼽는 것도 '긍정의 에너지'다.

긍정의 에너지가 사업에 성공하도록 이끌고,

사업이 번창할수록 긍정의 에너지가 더 커지는

선순환이 일어난다. 그뿐만 아니라

긍정의 에너지는 주변의 다른 사람들에게까지

활력을 준다."

결혼 60주년을 맞은 노부부가 방송에 나와 질문을 받았다.

"60년 동안이나 행복한 부부 생활을 누린 비결이 있습니까?"

그러자 할아버지가 담담하게 대답했다.

"별 거 없어. 그저 서로가 좋은 말만 귀에 담고 나쁜 말은 흘려버리는 거지."

부부 관계뿐 아니라 모든 좋은 인간관계가 이렇듯 나쁜 건 버리고 좋은 것만 취하는 긍정의 마음에서 시작되지 않을까. 이런 긍정의 마음이 자기뿐 아니라 상대방도 좋은 쪽으로 변화시킨다.

삶을 늘 긍정의 마음으로 대하고 간절하게 바라면 불가능하게 여기던 일도 이루어지지 않을까. '지성이면 감천'이라는 속담, 정성이 지극하면 하늘도 감동하여 소원을 들어준다는 옛날이야기가 서양에도 전해온다.

고대 그리스의 조각가 피그말리온은 조각에 심취하여 온 삶을 조각하는 데만 바친다. 어느 날 그는 한 여인상을 조각했는데, 너무나 아름

다운 모습에 자기도 모르게 빠져들어 그만 조각상을 사랑하게 되었다. 그 조각상을 사람이 되도록 해달라고 비는 피그말리온의 기도가 하늘에 사무쳐서 미의 여신 아프로디테는 그의 소원을 들어주었다. 마침내 소원을 이룬 피그말리온은 그 여인과 행복하게 살았다.

후세 사람들은 그렇게 되리라고 굳게 믿으면 정말 그렇게 된다는 긍정의 힘을 그리스 신화에 나오는 이 이야기에서 따와 '피그말리온 효과'로 부른다. **긍정적인 기대나 관심이 사람에게 좋은 영향을 미치는 효과로, 일이 잘 풀릴 것으로 기대하면 반드시 그렇게 된다는 뜻이다.**

심리학에서는 지금껏 주로 불행을 다루고 얘기해왔다. 그러나 이제 행복에 대해서도 적극적으로 말하기 시작했다. '긍정심리학'을 창안한 심리학자 마틴 셀리그만 덕분이다. 그는 행복의 비밀을 긍정심리학에서 찾는다.

"행복을 원한다면 행복에 대한 시각부터 바꿔야 한다."

당신이 가장 원하는 것은 무엇인가? 이 질문에 사람들 대다수는 '행복'이라고 대답했다. 그래서 우리는 행복해지기 위해 일하고 쉬는 가운데 취미 생활도 하면서 여가를 즐기려는 것이다. 그런데 사람들은 지금의 자신이 행복하지 않을뿐더러 행복에 대해 부정적이다. 사람들은 행복해지기 위해 이토록 열심히 사는데, 왜 행복해지기 어려운 걸까? 도대체 행복은 어떤 삶이며, 어떻게 하면 행복해질 수 있을까? 사람마다 사정도 다르고 행복의 기준도 달라서 답이 하나로 정해질 수는 없을 것이다.

그런데 긍정적인 생각과 태도가 목표한 바를 좀 더 쉽게 이루고 더욱 행복해진다는 데에는 의견이 하나로 모인다. **긍정의 힘이 변화를 이루고 더욱 행복해지는 열쇠라는 것이다.**

미국 캘리포니아 밀스 대학에서 1960년도에 졸업한 여학생 140여 명의 졸업 사진을 살펴봤더니 '뒤셴 미소'를 지은 졸업생이 절반 정도였다. '뒤셴 미소'란 어떤 미소일까?

미소에도 여러 종류가 있다. 마음에서 우러나와 짓는 진짜 미소를 '뒤셴 미소'(Duchenne smile)라 하고, 억지로 짓는 미소를 '팬아메리칸 미소'(Pan-American smile)라 한다. 뒤셴 미소는 미소를 최초로 학문적으로 연구한 프랑스 신경학자 기욤 뒤셴의 업적을 기리기 위해 붙인 이름이고, 팬아메리칸 미소는 팬아메리칸 항공사 스튜어디스들이 손님에게 지은 억지 미소에서 비롯된 말이다.

밀스 대학 연구팀은 이 여학생들이 27세, 37세, 47세, 57세가 될 때마다 모두 만나 삶의 만족도를 조사했다. 그 결과 놀랍게도 뒤셴 미소의 주인공들은 대부분 결혼해서 30년간 행복하게 살고 있었다. 늘 웃음을 잃지 않는 긍정적인 태도가 삶을 행복하게 한다는 것을 보여주는 좋은 사례다.

우리 일상에서도 그렇지만, 특히 사업자가 가져야 할 태도나 마음가짐을 말할 때 맨 먼저 꼽는 것도 '긍정의 에너지'다. 긍정의 에너지가 사업에 성공하도록 이끌고, 사업이 번창할수록 긍정의 에너지가 더 커지는 선순환이 일어난다는 것이다. 그뿐만 아니라 긍정의 에너지는 주변 사람들에게까지 활력을 준다.

사람은 말로는 얼마든지 거짓말로 다른 사람을 속일 수 있지만, 태도로는 속이기가 어렵다는군요. 억지로 짓는 미소나 마지못해 응하는 몸짓은 아무리 가장하려 해도 금세 드러나고 만다. 미소나 태도는 마음에서 우러나와야 자연스럽기 때문이다. 진정으로 우러나오는 진정한 긍정의 미소나 태도는 다른 사람들에게 자연스럽게 전파되게 마련이다. 그러려면 일상에서 긍정의 태도가 습관이 되어야겠다. 긍정적으로 표현하는 기술을 배워서 될 일이 아니고, 실제로 긍정적으로 살아서 그런 태도가 몸에 배야 한다.

인생도 배움도
'너무 늦어버린 때'란 없다

"꿈이 있을 때는 뇌가 항상 깨어 있다고 한다.
현실은 비록 고통스러워도 더 나은 미래를
상상하기 때문에 그 '현실'을 견디는 힘이
계속 길러진다는 것이다. 꿈은 그저 꾼다고
해서 거저 이루어질 리 없다.
새롭게 배우고 새롭게 생각하고 그 새로운
생각을 행동으로 옮겨야 비로소 꿈을 향해
나아가는 것이다."

―――――――― **"정말 하고 싶은 일을 하세요.** 신이 기뻐하시며 성공의 문을 열어주실 것입니다. 당신의 나이가 이미 여든이라 하더라도요."

미국의 '국민 화가' 이자 '모지스 할머니' 로 불리는 애나 메리 로버트슨 모지스가 갖가지 핑계를 대며 '정말 하고 싶은 일' 을 미루는 사람들에게 건네는 메시지다. 모지스 할머니 이야기를 듣다 보면 왜 인생에서 너무 늦어버린 때란 없는지 저절로 알게 될 것이다.

1860년에 태어난 할머니는 소녀 시절부터 15년이나 가정부로 일하다가 농부인 남편과 결혼한 이후로는 고된 농장 일에 파묻혀 늙어갔다. 할머니는 열 명의 아이를 낳았지만 그중 다섯 명을 잃는 통절한 아픔을 겪었다.

할머니의 나이 76세, 관절염으로 자수를 놓기 어려워지자 동생의 권유에 따라 바늘을 놓고 붓을 들었다. 한 번도 그림을 정식으로 배운 적이 없지만, 노년에 시작한 할머니만의 따뜻한 그림은 사람의 마음을 움직이는 묘한 힘이 있었다. 그러다 한 수집가의 눈에 띄어 세상에 공개된 이후 미국인의 마음을 사로잡았다.

모지스 할머니는 88세에 '올해의 젊은 여성'으로 선정되고, 93세에는 《타임》지 표지를 장식했다. 할머니의 100번째 생일은 '모지스 할머니의 날'로 지정되었으며, 이후 존 F.케네디 대통령은 할머니를 '미국인의 삶에서 가장 사랑받는 인물'로 칭했다. 할머니는 101세로 세상을 떠나는 마지막 날까지 손에서 붓을 놓지 않았다. 다른 사람들이라면 은퇴하고도 한참 지났을 법한 나이인 76세에 그림을 그리기 시작하여 35년간 1,600여 점의 작품으로 사람들의 마음을 위로했다니, 정말 놀랍다.

모지스 할머니의 삶은 화려하거나 거창하지 않고 소박한 일상이었지만, 삶에 대한 긍정과 믿음 그리고 진취적인 태도는 따뜻한 그림을 통해 세월이 갈수록 더 생생히 남아 사람들에게 희망을 주고 있다.

만약 당신이 뭔가를 시작하기엔 이미 늦었다고 생각되거나 아무리 애써도 달라질 수 없을 것이라는 막막한 기분에 휩싸이거나 그래도 끝까지 자신의 인생을 사랑하고 싶다면, 모지스 할머니의 말에 귀를 기울여보기 바란다.

"내가 만약 그림을 안 그렸다면 아마 닭을 키웠을 거예요. 지금도 닭은 키울 수 있습니다. 나는 절대로 흔들의자에 가만히 앉아 누군가

날 도와주겠거니 기다리고 있진 못해요. 주위 사람들에게도 여러 번 말했지만, 남에게 도움을 받느니 차라리 도시 한 귀퉁이에 방을 하나 구해서 팬케이크라도 구워 팔겠어요. 오직 팬케이크와 시럽뿐이겠지만요. 간단한 아침 식사처럼 말이에요. 그림을 그려서 그렇게 큰돈을 벌게 되리라고는 꿈에도 생각지 못했어요. 늘그막에 찾아온 유명세나 언론의 관심에 신경 쓰기에는 나는 나이가 너무 많아요."

모지스 할머니가 보여준 대로, 인생에서 너무 늦어버린 때란 없다. 인생뿐 아니라 배움도 마찬가지다. 너무 늦어버린 배움이란 없는 것이다.

자기 주변에 자기보다 뭐든 잘하는 사람이나 잘난 사람이 많다는 것은 큰 축복이다. 시기하거나 질투하기만 할 일이 아니다. 그 사람들을 흔쾌히 인정하고 오히려 배우고자 하면 비로소 새로운 자기 모습이 보일 것이다.

현실의 자기 모습에 만족하거나 잘난 체하는 대신 끊임없이 배움을 추구하는 사람에게는 주위의 누구든 가르침을 주는 스승이 되게 마련이다. 심지어는 식물이나 다른 동물한테도 배우게 된다.

태어나는 건 운명이지만, 삶은 결정된 운명이 아니다. 우리 세대 최고의 발견은 인간이 마음가짐을 바꾸면 삶까지도 바꿀 수 있다는 사실이다. 그러려면 쉼 없이 배워야 한다. 스스로 발전하는 일은 새로운 배움 없이는 가능하지 않다.

꿈이 있을 때는 뇌가 항상 깨어 있다고 한다. 현실은 비록 고통스러워도 더 나은 미래를 상상하기 때문에 그 '현실'을 견디는 힘이 계속 길러진다는 것이다. 꿈은 그저 꾼다고 해서 거저 이루어질 리는 없다. 새롭게 배우고 새롭게 생각하고 그 새로운 생각을 행동으로 옮겨야 비로소 꿈을 행해 나아가는 것이다.

대학생이던 세르게이 브린과 래리 페이지는 차세대 검색 엔진을 구축하는 새로운 기술을 개발하고 나서 비즈니스로 연결하기 위해 세계적인 대기업들과 투자자들을 찾아다니며 열심히 브리핑했다. 그럴 때마다 전문가라고 하는 사람들은 이 청년들의 혁신적인 기술에 귀 기울이는 대신 비웃기에 바빴다.

"도대체 그런 게 왜 필요하죠? 지금도 잘 돌아가고 있는데…."

하지만 자신들의 검색 엔진 기술이 새로운 미래를 낳을 것이라고 자부한 두 젊은이는 결국 검색으로 세상을 바꾼 '구글'이라는 혁명적 기업을 탄생시키고야 말았다.

이렇듯 세대를 뛰어넘는 생각을 하고, 그것을 끝내 실현해내는 힘은 배움에 있다. 공부하지 않으면 어제의 사고 틀에 갇혀 평생을 벗어나지 못한 채로 오늘을 어제처럼 허송하고 말 것이다.

자기 현실에 만족하지 못하면서도 믿음이 부족하거나 용기가 없어 자기 꿈을 선택하지 못하고 마지못해 그 현실에 끌려가는 사람은 자기 자신에 대한 모든 권리를 포기하는 셈이다.

자기 삶은 스스로 선택하면서 살아야 한다. 세상의 많은 사람이 쉽고 편한 방식에 따라 흘러가는 대로 자기 삶을 버려두는데, 그러면 그 삶은 한 걸음도 더 나아질 수 없다. 그러니 무작정 누군가를 따라 살아가기보다는 직접 선택한 삶을 살아야 한다.

인간의 삶은 고난의 연속이지만, 그런 만큼 고난을 딛고 일어섰을 때의 기쁨도 더없이 클뿐더러 역경을 이겨낸 사람은 그보다 더 큰 삶을 꿈꿀 수 있다.

망망대해를 가로지르는 돛단배의 항해가 인생이라면 바람은 역경과도 같다. 그 바람은 배를 침몰시키기도 하지만, 잘 이용하면 배를 더 빨리 가게 할 수 있으니 기회이기도 하다. 배움을 통해 자신을 날마다 성장시키는 사람은 위기를 기회로 바꿀 수 있다. 배가 가고자 하는 쪽으로 풍향을 바꿀 수 있다면 위기가 곧 기회가 된다. 실패를 통한 교훈은 또 다른 배움이며 더 큰 기회로 나아가는 통로다.

그래서 고난의 종합세트 같은 삶을 살면서도 엄청난 인생의 업적을 이룬 헬렌 켈러의 말이 가슴에 깊이 와 닿는다.

"나는 폭풍이 두렵지 않다. 나의 배로 항해하는 법을 배우고 있으니까."

헬렌 켈러는 태어나면서부터 몰아친 인생의 폭풍 속에서도 삶의 이유를 잃지 않았다. 그래서 그 폭풍이 오히려 삶을 나아가게 하는 동력이 되어준 것이다. **니체의 말처럼 "왜 살아야 하는지 그 이유를 아는 사람은 어떤 어려움도 이겨낼 수 있다."**

독일 이민자의 아들로 태어나 미국 프로야구 선수로 활약하고 복음 전도사로 널리 명성을 떨친 **빌리 선데이의 말처럼 "사람은 재능이 부족해서가 아니라 목적이 없어서 실패한다."** 독설가로 이름 높은 극작가 버나드 쇼도 목적이 존재하는 삶의 가치를 긍정한다.

"위대한 목적을 위해 살아갈 때 진정한 삶의 기쁨이 찾아온다."

3장

새로운 차원의 부의 이동

이제껏 특별한 재주가 없다거나 남다른 능력이
없다면서 꿈조차 꾸지 않고 살아온 사람들도
앞으로는 얼마든지 새로운 꿈을 꿀 수 있게 되었다.

누구나 자기 안에 자기 생각을 실현할 만큼의 능력은
있는 법이다. 꿈은 바로 그 능력을 최대한으로
끌어내는 동기를 부여하는 힘이다.

부는 이제
새로운 길로 이동한다

"빌 게이츠의 마이크로소프트가

컴퓨터를 통해 전에 없던 '온라인' 이라는

새로운 세계를 창조함으로써

누구든지 앞선 생각과 아이디어만 있으면

부를 창출할 수 있는 길을 열었다.

당연히 새로운 차원의 부의

이동이 이루어지고 있다."

_____ **과학기술이 모든 것을** 바꿔놓고 있다. 빌 게이츠는 기술 발전의 속도가 '생각의 속도' 만큼 빠르게 일어날 것이며, 디지털 시대는 미래를 준비하는 이들에게 믿기지 않을 만큼 많은 기회를 줄 것으로 내다보았다. 이런 빌 게이츠의 25년 전 예측이 그대로 실현되고 있다.

기술 발전뿐만 아니라 인터넷 혁명이 새로운 시대의 경제 패러다임을 바꿔놓으면서 비즈니스 역시 '생각의 속도' 로 변화하고 있다. 그에 따라 부가 흐르는 길이 달라지면서 새로운 차원의 부의 이동이 일어나고 있다.

빌 게이츠의 마이크로소프트가 컴퓨터를 통해 전에 없던 '온라인' 이라는 새로운 세계를 창조함으로써 누구든지 앞선 생각과 아이디어만 있으면 부를 창출할 수 있는 길을 열었다. 당연히 새로운 차원의 부의 이동이 이루어지고 있다.

전통적인 제조업 기업들이 퇴조하는 가운데 IT 기반의 기업들이 세계 100대 기업에 대거 진입했다. **오늘날 세계 100대 기업은 금융회사를 빼면 대부분 IT 기반의 기업들이 차지하고 있다.**

그에 따라 이제 소비자는 단순히 정보의 수용자가 아니라 정보의 생산자가 되었다. 그렇게 변화한 소비자의 위상에 맞추어 내부 라인을 조정하고 소비자에게 상당한 규모의 이익을 안겨줄 수 있는 비즈니스 만이 부를 창출할 수 있게 되었다.

이렇게 새로운 미래의 부를 창출하는 비즈니스 정보 원칙은 4가지로 정리된다. 비즈니스에서 정보를 취사 선택하고 다루는 데 있어 이 원칙들을 잊지 않는다면 우리는 이미 새로운 부를 창출하는 플랫폼에 탑승하고 있는 셈이다.

사실 컴퓨터로 인해 세상이 얼마나 광범위하고 빨리 변화했는지를 논하는 것은 벌써 철 지난 옛날이야기가 되고 말아서 그런 얘기를 들먹이는 것조차 민망하게 되었다.

인간 사회가 얼마나 눈부신 가속도로 변화해왔는지는 일찍이 앨빈 토플러가 《제3의 물결》에서 보여주었다.

제1의 물결은 농경사회로 최소한 3000년간 지속했고, 제2의 물결은 산업사회로 300년간 지속했으며, 1990년대부터 시작된 제3의 물결은 정보화 사회로 2020년까지 30년간 지속했다. 그리고 이후로는 인공지능이 빚어내는 놀라운 디지털 세상이 펼쳐지고 있다. 이제는 자고 일어나면 새로운 세상이다.

인공지능의 상용화로 인해 잘나가던 많은 직업이 쇠퇴하거나 사라지는 대신 생각지도 못한 새로운 직업이 생겨나면서 '능력' 의 잣대도 크게 달라지고 있다. 이제껏 특별한 재주가 없다거나 남다른 능력이 없다면서 꿈조차 꾸지 않고 살아온 사람들도 앞으로는 얼마든지 새로운 꿈을 꿀 수 있게 되었다.

누구나 자기 생각을 실현할 만큼의 능력은 가지고 있는 법이다. 꿈은 바로 그 능력을 최대한으로 끌어내는 동기를 부여하는 힘이다.

부의 **새로운 길**을 여는
네트워크 비즈니스

"네트워크 비즈니스는 시간을

복제하여 돈을 버는 방법에 속한다.

내가 시스템에 속하는 대신 그 시스템을

만들어 운영하는 주체가 되면

시스템이 나 대신 돈을 벌어준다.

그 시스템 안에 나의 시간이

복제되어 있기 때문이다."

자본가가 아닌 사람들 대부분은 시간을 투자하여 돈을 벌며 노동을 팔아 생계를 꾸리는 봉급생활자가 대표적이다. 시간 투자, 이것이 돈을 버는 첫 번째이자 가장 일반적인 방법이다.

돈을 버는 두 번째 방법은 금융이나 부동산에 자본을 투자하는 것이다.

돈을 버는 세 번째 방법은 시간을 복제하는 것이다. 기계 한 대가 같은 시간에 열 사람 몫의 일을 한다면, 아홉 사람의 시간을 복제하는 셈이다. 또는 백 명을 고용하여 내가 할 일을 대신하도록 한다면 나는 백 명분의 시간을 복제하는 셈이 된다.

네트워크 비즈니스는 바로 이 시간을 복제하여 돈을 버는 방법에 속한다. 내가 시스템에 속하는 대신 그 시스템을 만들어 운영하는 주체가 되면 시스템이 나 대신 돈을 벌어준다. 그 시스템 안에 나의 시간이 복제되어 작동하고 있기 때문이다.

부의 이동이 새로운 차원으로 일어나면서 가장 주목받는 비즈니스가 바로 네트워크 비즈니스다. 사회 변화에 따라 최적화된 유통 사업이 바로 선진국형 네트워크 비즈니스다.

유통의 선진국형
네트워크 비즈니스

21세기 들어 교통의 발달로 세상이 일일생활권이 되면서 유통 단계가 크게 줄어드는 한편 온라인 유통이 본격화하면서 중간상인 중심의 유통 시대가 끝나고 생산자와 소비자가 중심이 되는 시대가 열렸다.

대형 할인 슈퍼마켓, TV홈쇼핑, 인터넷 쇼핑 등이 21세기 유통의 중심으로 부상하는 한편으로 또 하나의 새로운 유통이 탄생하는데 바로 네트워크 비즈니스다.

유통의 중간 과정을 모조리 삭제하고 생산자와 소비자가 직접 통함으로써 양질의 제품을 싸게 유통할 수 있게 되었다. 소비가 곧 소득이 되는, 마법의 비즈니스로 통하는 네트워크 비즈니스는 세계적인 경제학자와 미래학자들이 미래를 선도할 혁신적인 유통으로 소개했으며, 비즈니스의 판도를 바꿀 미래의 트렌드로 꼽았다.

인식은 바뀌었다

"네트워크 비즈니스를 두고 성공한 누군가는

'꿈의 비즈니스' 라 말하고, 실패한 누군가는

'무지개 같은 환상' 일 뿐이라 얘기한다.

하지만 네트워크 비즈니스의 시스템을

조금만 꼼꼼하게 살펴보면

더없이 현실적이고 실속 있는

비즈니스라는 걸 알 수 있다."

네트워크 비즈니스를 예전에는 흔히 '피라미드' 또는 '다단계'로 불렸다. 초기에는 일부 업체의 불법 영업행위로 많은 사람들이 피해를 보는 일이 잦아 부정적인 언론 보도가 퍼지고 일반의 인식 역시 부정적인 기류가 강했다. 심지어는 비즈니스라기보다는 '사기'라는 비난까지 들어야 했다.

하지만 네트워크 비즈니스 모델이 생활밀착형으로 진화하고 그에 따른 취급 상품도 실용화함에 따라 차츰 인식이 긍정적으로 바뀌면서 오늘날 네트워크 비즈니스의 위상은 예전과는 비교할 바가 아니다. 미래형 비즈니스로 주목받기에 이르렀기 때문이다.

네트워크 비즈니스의 개념은 1927년 하버드 경영대학의 소비자 행동 조사에서 비롯된다. 사람들이 물건을 사는 정보 통로를 조사해보니 15%만이 라디오와 같은 대중 매체를 통했고, 나머지 85%는 지인 등의 구전 광고를 통했다. 바로 그때 '네트워크' 개념이 생겨나고, 이후 구체적인 시스템(보상 체계)이 갖춰지면서 본격적으로 유통시장에 진출하게 된다.

1910년대, 미국에서는 이미 방문판매가 이루어지고 있었고 직접판

매협회까지 결성되었다. 1920~1930년대에 몇 개의 회사가 두각을 나타내고, 1939년에 그 유명한 '뉴트리라이트'가 설립되어 네트워크 비즈니스의 판을 키운다. 이어 네트워크 비즈니스가 본격적으로 번창한 것은 1956년 종합영양제를 개발한 샤클리 박사 부자가 '샤클리 코퍼레이션'을 설립한 이후다. 그런데 이보다 앞선 1952년에 유니시티 인터내셔널의 전신인 렉솔은 이미 2만 5천 개의 점포를 거느린 미국 최대의 약국 체인으로 성장한다.

그런 바람을 타고 네트워크 비즈니스의 상징과도 같은 회사가 등장하는데 바로 '암웨이'다. 뉴트리라이트의 영업 방식에 불만을 품은 영업사원들이 뛰쳐나와 차린 회사다. 이들은 나중에 아예 뉴트리라이트를 인수하는 등 공격적인 경영으로 암웨이를 공룡기업으로 키우는데, 그와 함께 네트워크 비즈니스의 일대 선풍이 분다.

그리하여 1960년대에 미국에서는 네트워크 비즈니스 방식이 대중화하면서 별다른 제품 없이 돈으로만 돌아가는 '피라미드' 업체들이 우후죽순으로 난립한다.

우리나라에는 네트워크 비즈니스가 1990년대 들어 본격적으로 들어오는데, 1960년대 미국의 전철을 밟는다. 그런 가운데 **1995년에**

설립된 유니시티코리아가 전혀 다른 차원의 시스템으로 네트워크 비즈니스 업계에 새바람을 일으켰다.

오늘날 네트워크 비즈니스에 관한 가장 흔한 오해와 편견은 "나도 죽어라 해봤는데, 그건 도저히 안 되는 사업"이라는 것이다. 여기서 죽어라 해봤다는 건 과장된 말 같다. 너무 쉽게 생각하고 덤벼들어 조금 해보다가 생각보다 힘들고 돈도 생각만큼 쉽게 벌리지 않으니까 그만두는 사람이 대부분이다. 세상에 손바닥 뒤집듯 쉬운 일이 어디 있겠는가.

네트워크 비즈니스는 성공한 사람과 실패한 사람 사이의 평가와 견해 차이가 하늘과 땅만큼이나 크게 난다. 당신은 성공한 사람의 말을 믿겠는가, 아니면 실패한 사람의 말을 믿겠는가?

네트워크 비즈니스를 두고 성공한 누군가는 '꿈의 비즈니스'라 말하고, 실패한 누군가는 '무지개 같은 환상'일 뿐이라 얘기한다. 하지만 네트워크 비즈니스의 시스템을 조금만 꼼꼼하게 살펴보면 더없이 현실적이고 실속 있는 비즈니스라는 걸 알 수 있다. 누구나 노력한 만큼 수입을 올리는 시스템으로 운용되고 있어서 인풋, 아웃풋이 정직하게 호응하는 매력적인 비즈니스다.

우리 내면에는 발전하려는 자아와 발전을 거부하는 자아가 갈등하고 있다. 우리 안에 천사와 악마가 동거하고 있다는 맥락과도 같은 얘기다. 우리는 살면서 매 순간 선택의 갈림길에 서게 되는데, 그때마다 천사의 속삭임과 악마의 유혹 사이에서 망설이게 된다.

천사가 속삭이는 길은 새로운 길이라서 변화와 노고가 따르는 어려운 길이고, 악마가 유혹하는 길은 늘 다니던 길이라서 수고할 필요가 없는 쉽고 정해진 길이다. 당신은 어떤 길을 선택할 것인가?

내면에 긍정적이고 진취적인 에너지가 강하다면 새로운 변화의 길을 택할 것이고, 부정적이고 수동적인 에너지가 강하다면 그냥 살던 대로 사는 길을 택할 것이다.

새로운 길에 도전하기로 선택했다면 그 선택은 이제 변화의 첫걸음을 떼는 시작이다. 도전을 선택하는 것 자체도 쉬운 일은 아니겠지만, 정말로 험난한 관문은 선택 이후에 있다. 바로 변화된 삶을 지속하는 일이다. 지금까지의 습관을 다 버리고 새로운 생활을 시작해야 하는 건 어려운 일이다. 더구나 그것이 새로운 습관으로 굳어지도록 지속하는 것은 더 어렵다. '시작이 반'이라는 말이 있지만, 중도에 포기한다면 그 반도 아무 의미가 없다. 지금껏 저녁 산책을 한 번도 안 하던 사람이 시작하기로 작정했다면, 독서라곤 해본 적이 없는 사람이 매일 아침 일찍 일어나서 적어도 30분 이상 책을 읽기로 작정했다면 그 자체로 장한 결심이다. 하지만 그것이 습관으로 자리 잡기까지는 엄청난 의지와 인내에 따른 반복하기 그리고 동기부여가 필요하다.

습관은 새로 시작한 뭔가를 띄엄띄엄 길게 하기보다는 아주 짧게 하더라도 날마다 꾸준히 반복해서 하는 것이 중요하다. 습관을 들이는 열쇠는 거기에 들인 시간의 길이보다도 일정하게 반복한 횟수에 있다는 말이다.

우리 마음은 변덕이 심하고 핑곗거리도 많아서 수시로 습관을 유지하는 것을 어렵게 한다. 아무리 의지가 굳세더라도 불가피하게 계획을 못 지킬 때가 있다. 갑자기 몸이 아프거나 예정에 없는 출장을 가거나 가족에게 큰일이 생겨서 종종 한 번씩은 거를 수도 있다. 이런 일은 나의 의지로는 어쩔 수 없다 쳐도 이를 빌미 삼아 연속으로 두 번 거르는 것은 용납해서는 안 되는 이유가 있다. 한 번 거르는 것은 사고나 실수지만, 두 번을 연이어 거르는 것은 새로운 습관의 시작이기 때문이다.

습관 가운데 가장 나쁜 습관은, 무슨 일이든 중도에 포기하는 것이 아닐까. 좋은 습관을 들이고 나쁜 습관을 버리는 계획을 세워 실천하기로 해놓고, 갖은 핑계를 대며 포기하는 작심삼일(作心三日)의 습관,

그것이 우리를 과거의 틀에 붙들어 매어놓고 우리 삶을 망치는 가장 나쁜 습관이다.

당신은 어떤 나쁜 습관을 갖고 있는가?

충분히 생각하기 전에 덥석 일부터 저지르고 보는 것, 한꺼번에 여러 가지 일을 하려고 욕심 부리다가 한 가지도 제대로 해내지 못하는 것, 거절하지 못해 늘 남의 페이스대로 끌려다니는 것, 문제가 생기면 벌컥 화부터 내거나 책임을 회피하기에 급급한 것, 게으름 때문에 자기를 가꾸지 않거나 건강을 돌보지 않는 것, 무슨 일이든 뒤로 미루다가 흐지부지하고 마는 것….

각자 자기의 나쁜 습관을 5가지든 10가지든 적어보자. 그냥 생각만 하는 거랑 종이에 손수 적어보는 것은 다른 느낌을 줄 것이다. 그리고 그 원인을 찾아보고, 그것을 어떤 좋은 습관으로 바꾸고 싶은지 적어보자. 대충 적지 말고 구체적으로 명확하게 적는 것이 중요하다.

성공한 사람이 좋은 습관을 갖는 게 아니라 좋은 습관을 갖는 사람이 성공하는 것이다. 그러니 나쁜 습관을 하나씩 차근차근 좋은 습관으로 바꿔나가는 것이다.

세상이 바뀌고 있다

"오늘날 비즈니스 패러다임의 변화가 물결치는

배경에는 '소비' 개념의 변화가 있다.

그 변화는 크게 두 가지로 요약할 수 있는데,

하나는 디지털 소비다. 공간의 제약이 사라진

자리에 더 넓은 시장이 열린 것이다.

그리고 다른 하나는 디지털 소비 환경을

바탕으로 소비자가 생산자이자 동시에

판매자가 되기도 한다는 것이다."

_____ **이제 판은 뒤집혔다.** 세상이 판째 바뀌고 있다는 얘기다. 코로나 사태가 아니었더라도 블록체인 기술과 AI(인공지능)의 상용화를 계기로 4차 산업혁명의 문이 활짝 열리면서 패러다임의 변화가 급물살을 타기 시작했는데, 코로나 사태로 인해 그 변화가 현실에 접목되어 우리의 일상이 되는 시간이 정신을 차릴 수 없을 만큼 빨라진 것이다.

코로나 사태는 우리에게 인류는 하나로 연결되어 있다는 새삼스러운 사실을 분명하게 재확인시켜 주었다. 그래서 코로나 사태 이후 개인과 개인, 개인과 사회, 사회와 사회, 나아가 전 세계와의 '연결'이 공존의 키워드로 급부상한 것이다. 지구 환경을 돌보기 위해 이념과 국경을 넘어 협력이 더욱 절실한 세상이 된 것이다. 이제 경쟁과 적대의 관계 대신 공감과 공유, 연결과 연대의 관계가 지속 가능한 세계를 위해 꼭 필요한 가치가 되었다.

이런 가운데 비즈니스의 새로운 블루오션으로 떠오른 분야가 우리 몸의 건강을 다루는 '헬스케어' 산업이다. 건강은 진작부터 환경과 함께 인류의 공통 관심사였지만, 코로나 사태를 겪으면서 관심이 더욱 뜨거워졌다.

관심이 커진 만큼 그에 따라 시장도 커지고 있고, 건강 관련 제품들도 다양하게 개발되어 유통되고 있다. 비즈니스 차원에서의 관심은 이처럼 크게 떠오른 이슈에 따라 생성된 콘텐츠를 어떻게 유통하고 소비시킬 것인가 하는 문제다.

코로나 사태 이후 온라인 기반 사업의 폭증에 따라 온라인 플랫폼이 유망한 비즈니스로 뜨면서 기업의 판도조차 바꿔놓을 기세다. 그런데 건강 관련 제품은 오프라인 플랫폼을 통해 직접 유통이 이루어져야만 개별 맞춤 헬스케어가 가능하다. 그러니 건강 제품 분야에서는 오프라인에서의 비즈니스 기회가 여전히 살아 있다. 아니, 갈수록 더 중요해지고 있다.

사회가 본격적으로 4차 산업혁명 시대로 접어들며 철저하게 고객의 상황과 요구에 맞춘 지속 가능한 유통과 소비 방식이 이제부터 블루오션이 될 것이다. 이제부터 일상에 필요한 모든 비즈니스가 그렇게 될 것이며, 특히 기대수명이 늘어남에 따라 건강과 치유 관련 비즈니스는 핵심 중의 핵심 비즈니스로 막대한 부가가치를 산출하게 될 것이다. 또 네트워크 비즈니스는 사람과 사람 사이의 소통과 공감을 연결하는 연쇄 고리로 숱한 문제를 해결할 수 있는 열쇠가 될 것이다.

이처럼 변화하는 트렌드와 가치 산출 체계에 따라 기존의 편견과 판에 박힌 관념을 걷어내고 열린 시각으로 현실을 직시하고 미래를 내다보는 지혜와 통찰이 필요하다.

앞에서 헬스케어 산업이 비즈니스의 블루오션으로 뜨고 있다고 했는데, 이는 환경과 밀접하게 연관되어 있다. 환경오염에 따른 건강 문제가 날로 심각해지고 있기도 하거니와 거꾸로 건강을 돌보는 산업이나 비즈니스로 인해 환경이 해를 입을 수도 있다는 것이다. 다시 말해, 건강과 환경 문제는 원인과 결과가 선후 없이 맞물려 돌아가는 밀접한 관계에 있다는 것이다.

우리 일상용품은 물론 의약품이나 건강 기능 제품이 화학에 의존하게 되면 그에 따르는 건강상의 부작용과 환경오염 문제가 적지 않다. 그러니 우리가 이런 화학구조물을 가지고 선한 영향을 끼치기는 아무래도 어렵다.

그러므로 우리가 오랫동안 지속하여 의미 있는 일을 하려면 선한 가치를 선한 방식으로 유통하고 전달하는 비즈니스 모델을 찾아야 한다. 그리고 각자가 거두는 성과만큼 정직하고 공정하게 분배되는 시스템으로 운영되는 비즈니스인지 꼼꼼하게 살펴봐야 한다. 달콤한 말로 희생을 강요하면서 정당한 대가를 나누지 않는 비즈니스라면 더는 미련을 가질 필요가 없다.

오늘날 비즈니스 패러다임의 변화가 물결치는 배경에는 '소비' 개념의 변화가 있다. 그 변화는 크게 두 가지로 요약할 수 있는데, 하나는 디지털 소비다. 공간의 제약이 사라진 자리에 더 넓은 시장이 열린 것이다. 그리고 다른 하나는 디지털 소비 환경을 바탕으로 소비자가 동시에 생산자이자 판매자가 되기도 한다는 것이다. 이를 통틀어 '디지털 소비'라고 하고, 그 주체를 '디지털 소비자'라고 한다.

이들 디지털 소비자의 중요한 특성은 참여, 관계, 맞춤, 속도, 정보 등 다섯 가지 핵심 지향점을 가지고 행동한다는 것이다.

'정보 있는 곳에 권력 있다'는 말이 있다. 예전에는 기업이 제품 정보를 독점하고 있어서 권력이 전적으로 기업에 있었는데, 디지털 사회가 되면서 소비자도 디지털화되어 기업 못지않게 정보를 취하게 되면서 제품에 대해 강력한 영향력을 행사할 수 있게 되었다.

이처럼 소비자가 똑똑해지고 연대하게 되면 기업은 소비자 눈치를 볼 수밖에 없다. 이런 똑똑한 소비자, 즉 디지털 소비자가 소비 주권을 찾아왔다고 할 수 있다.

그러잖아도 여러 분야에서 빠르게 진행되던 사회의 디지털화가 코로나 사태로 인해 비대면 활동이 일상화하면서 모든 분야에서 전면적,

전격적으로 일어났다. 이제 인터넷 시대를 넘어 '가상현실' 이 현실을 대체하는 시대에 이르렀다.

이에 따라 사회 모든 분야가 근본적인 패러다임의 변화를 겪기 시작한 가운데 비즈니스 분야의 변화는 가장 급진적이면서도 전면적이다. 혁명적인 변화라고나 할까. 변화의 속도와 수준이 정신을 차릴 수 없을 정도다. 이런 가운데 '디지털 소비자' 가 출현한 것이다.

디지털 소비자란 한마디로 '소비와 참여를 넘어 자산(플랫폼) 형성 비즈니스 기회까지 추구하는 21세기 미래형 소비자' 라고 할 수 있다. 누구를 막론하고 모두에게 그런 기회가 왔다는 의미이기도 하다. 이 기회를 잡을 것이냐 말 것이냐 하는 것은 순전히 각자의 선택에 달린 문제다.

|전에 **없던** 새로운 **기회**

"바로 이런 패러다임의 변화 가운데

전에 없던 기회를 주고 있는 비즈니스가

유니시티의 바이오스 라이프 무점포 사업이다.

더구나 유니시티 인터내셔널에서

모든 정보를 제공하므로 리스크가 적은

비즈니스 기회다."

_____명예퇴직, 즉 명퇴는 그 이름만큼 명예로운 퇴직은 아니다. 정년에 앞서 조기에 강제퇴직 당하는 걸 좋은 이름으로 포장한 것인데, 그 의미도 달라져 직장인의 비애를 상징하는 슬픈 말이 되고 말았다.

기대수명이 점점 더 늘어나는 가운데 그런 명퇴 나이가 갈수록 앞당겨지고 있으니 큰일이다. 나이 쉰에 이르면 그야말로 '쉰밥' 취급을 당해 좌불안석이니, 그때 명퇴하면 실직 후의 여생이 짧게는 30년에서 길게는 50년이다. 인생 이모작의 후반인데, 이제 뭘 심어야 잘 수확해서 노년을 사람답게 살 수 있을까?

우선 생각할 수 있는 것이 자영업이고, 실제로도 자영업에 가장 많이 뛰어든다. 퇴직자 10명 중 7~8명이 자영업에 나서는데, 경쟁자는 퇴직자만 있는 게 아니다. 좋은 일자리가 줄어들면서 청년들도 대거 자영업으로 몰리고 있고, 육아로 경력이 단절된 주부들이 아이들 키워놓고 가장 많이 진출하는 분야가 자영업이다.

그래서 전 세계 맥도널드 점포보다 우리나라 치킨집이 더 많아지게 된 것이다. 카페는 또 어떤가. 눈을 돌려 보면 사방으로 한 집 건너 카페다. 자격증이 필요한 부동산중개소 조차도 그에 버금간다. 이러니 새로 시작한 자영업자 100명 중 5년을 넘겨 생존하는 업주가 5명도 안 된다. 돈을 버는 비율이 아니라 겨우 생존하는 비율이 5%에도 못 미친 다는 것이다. 그러니 돈 좀 번다는 업주 비율은 1%나 될까 말까 한다.

그렇다면 부동산 투자나 주식 투자 같은 금융 투자가 답이 될 수 있을 까? 그러나 '이제 부동산은 오를 만큼 다 올라서, 아니 과도한 거품이 끼 었다고 할 정도로 과대하게 올라서 앞으로 내릴 일만 남았다' 는 게 전 문가들의 거의 일치된 견해다. 꼭 그런 게 아니라도 부동산 투자에는 거액이 들어가게 마련이어서 역시 큰손이 아니면 투자하기가 쉽지 않 을뿐더러 수익을 내기도 어렵다. 어중간한 재력으로 섣불리 부동산 투 자에 발을 담갔다가는 하우스 푸어가 되기 쉽다. 주식 투자야 개미들 이 당하는 모습을 내내 봐왔으니, 여기서 굳이 말하지 않아도 실상을 다들 잘 알 것이다.

그렇다고 실망하기는 아직 이르다. 변화의 바람을 타고 전에 없는 비즈니스 기회가 왔기 때문이다. 남들 다 쳐다보는 곳에서 눈을 돌려 보면 그 기회가 보인다. 바로 네트워크 비즈니스다. 예전의 사기성 짙 은 그 피라미드, 다단계로 생각하면 시대착오다.

시대가 변했고, 그에 따라 네트워크 비즈니스도 엄청나게 변화하고 발전했다. 네트워크 비즈니스의 핵심은 유통에 있다. 유통의 혁명이다. 거기다가 생산 방식, 즉 제품의 혁신까지 가미되어 소비시장의 태풍을 예고하고 있다. 아니, 이미 태풍이 불기 시작했다.

21세기를 주도할 미래형 비즈니스인 네트워크 비즈니스는 변화된 비즈니스 환경에 주목한다. 첨단 신산업과 아이템이 주목받고 사람과 사람 사이의 관계망이 중시되는 한편, 시공간의 한계를 극복한 SNS를 타고 무형의 관계망이 무한대로 확장되는 환경을 맞은 것이다. **네트워크 비즈니스의 강점은 여기에 유형의 관계까지 강력한 무기로 십분 활용함으로써 무형의 관계를 더욱 알차게 가꾼다는 것이다. 소비자가 곧 판매자가 됨으로써 소비, 교육, 개발, 홍보, 판매가 동시에 일어나고 비즈니스의 효율을 극대할 수 있게 되었다.**

이러니 전에 없던 기회가 왔다고 하는 것인데, 기회와 선입견 사이에서 선입견에 따른 두려움에 사로잡혀 기회를 선택하지 못한다면 그 사람한테는 아직 기회가 오지 않은 셈이다.

네트워크 비즈니스 업체를 표방한 회사는 우리나라에만 3천 개 가까이 되는 것으로 추정되지만, 그중 공정거래위원회에 등록된 업체는 150개도 안 된다. 아직도 불법을 일삼는 업체가 있다면, 틀림없이 공정거래위원회에 등록되지 않은 업체일 것이다. 그러나 적어도 등록업체라면 사기를 당할 염려는 없을 테고, 몇몇 선진적인 업체는 엄격한 네트워크 비즈니스 모델을 갖추고 운영되므로 사람을 끌어들여서는 돈을 벌 수 없는 구조다. 즉, 다운라인이 돈을 못 벌면 업라인도 돈을 벌 수 없는 구조, 좋은 제품을 제대로 유통하지 않으면 돈을 벌 수 없는 구조라는 사실을 알아야 한다.

바로 그런 몇몇 회사들 가운데 단연 돋보이는 선진적인 시스템을 갖추고 번창일로에 들어선 회사가 바로 유니시티다.

유엔〈미래보고서〉는 세계 각국 정부가 1인 창업, 스타트업, 소기업에 대한 지원을 대폭 강화함으로써 오는 2025년이면 전 세계 기업 100개 가운데 90개 이상이 1인 기업이 될 것으로 내다보았다. 대규모 고용을 창출하던 제조업 전성시대가 저물었다. 그리고〈미래보고서〉는 소비재의 70% 이상을 여성이 구매하게 될 것이고 일자리 3개 중 2개는 여성이 차지할 것이라는 전망을 덧붙였다.

바로 이런 패러다임의 변화 가운데 전에 없던 기회를 주고 있는 비즈니스가 유니시티의 바이오스 라이프 무점포 프랜차이즈다. 더구나 유니시티 인터내셔널에서 모든 자원을 제공하므로 리스크도 극히 적은 비즈니스 기회다.

옛날에 대서양을 횡단하는 배에 한 승객이 탑승했다. 배를 처음 타 본 그는 배에서 먹는 음식은 당연히 별도로 돈을 내고 사서 먹는 것으로 생각했다. 뱃삯도 가까스로 마련한 처지라서 비싼 음식을 사 먹을 수 없던 그는 아예 며칠간 먹을 식량을 싸가서 끼니때마다 배곯지 않을 정도로만 조금씩 덜어 먹었다.

다른 승객들이 끼니때마다 배 안의 식당에서 좋은 음식을 마음껏 먹는 것을 부러운 눈으로 쳐다만 봐온 그는 '마지막 날은 좋은 음식을 배불리 먹어야겠다'고 마음먹고 식당으로 가서 일단 잘 먹었다. 그러고는 승무원에게 가서 이실직고했다.

"죄송합니다. 제게는 지금 먹은 밥값을 낼 돈이 없습니다."

그러자 승무원이 의아해하며 대답했다.

"아니, 손님, 무슨 말씀이세요? 손님의 뱃삯에는 모든 식대가 포함되어 있는데요."

바로 이 승객처럼 지금껏 기회가 있는지조차 몰라서 좋은 기회를 놓친 사람이 무수히 많다. 그런 사람들이 기회를 알아서 잡을 수 있었다면 인생이 달라졌을 것이다.

4장

유니시티 비즈니스에 대한 질문과 답변

"사업설명회는 주최자의 여건, 참석자의
성향에 따라 다양한 형식과 형태로 진행할 수 있습니다.
하나로 정해진 건 없죠. 바람직하지도 않고요.

다만, 참석한 예비사업자들이 뭔가 하나라도 얻어간다는 느낌을 줄 수 있어야 다음을 기약할 수 있습니다. 기대감을 채워서 연속성을 살리는 게 핵심입니다."

1 예전에는 흔히 '피라미드' 또는 '다단계'로 불리던 네트워크 비즈니스에 대해 부정적인 인식이 많았는데, 지금은 좀 달라졌나요?

초기에는 일부 업체의 불법 행위로 적잖은 사람들이 피해를 보는 일이 잦아 부정적인 언론 보도가 퍼지고 일반인의 인식 역시 부정적이었는데요. 하지만 네트워크 비즈니스 시스템이 생활밀착형으로 진화하고 그에 따른 취급 상품도 실용화함에 따라 차츰 인식이 긍정적으로 바뀌면서 오늘날에는 평판이 크게 좋아졌을 뿐더러 미래형 비즈니스로 주목받으면서 그 위상이 날로 높아지고 있습니다.

2 유니시티가 한국에 들어온 지 23년이나 되었는데, 지금 시작하기에는 너무 늦은 거 아닌가요?

유니시티는 한국에 들어온 2001년 무렵에는 건강식품에 대한 인식이 형성되지 않아서 10년간 성장세가 없다가 2010년 이후부터 조금씩 성장하기 시작했습니다. 지금은 성장률이 높지만, 현재 우리나라 성인 3,700만 명 중 아직 20만 명 정도만 회원가입이 되어 있어서 사업 타이밍으로는 지금이 가장 좋습니다.

**유니시티 제품은 가격이 비싸서
부담스럽다고 하던데요?**

생필품보다는 건강제품을 주력으로 하는 비즈니스다 보니, 그런 말씀을 하는 분들도 있는데, 제대로 설명을 듣고 나면 오히려 저렴하다는 반응입니다. 사실 PDR에 등재된 오메가도 함량 대비 가격이 가장 저렴하고, PDR에 등재된 비타민도 역시 너무 착한 가격이라고들 합니다. 서비스 품목의 생활필수품 가격도 수요가 증가하면서 점차 경쟁력을 높여가고 있습니다.

 **저는 물건을 잘 못 파는데,
어떻게 해요?**

방문판매하고는 다르게 유니시티 사업은 평생 소비자를 구축하는 사업입니다. 오히려 판매를 잘하는 사람보다 먼저 시스템을 잘 배우고 유니시티를 올바르게 잘 전달하는 사업가가 성공합니다.

5 너무 바빠서 시간이 없는데, 어떻게 해요?

유니시티 사업은 특히나 열심히 사는 바쁜 분에게 더욱 필요한 사업입니다. 이렇게 열심히 사시는데 일 년 후는 어떻게 될까요? 유니시티 사업을 사이드잡으로 병행하면 1년 후는 분명히 달라집니다. 소개만 해줘도 사업을 도와주는 스폰서들이 멤버십 시장이 만들어지도록 함께 노력해주기에 가능합니다.

6 유니시티는 왜 특별하다고 하는가요?

120년 역사에 빛나는 세계적인 제약기업을 기반으로 삼고 있기 때문입니다. 게다가 의학 이상의 '치유'의 가치를 담은 동종요법의 천연제품을 핵심 비즈니스 종목으로 삼아, 건강 증진을 통한 '인류의 보다 풍요로운 삶'이라는 높은 이상을 추구하기 때문이기도 합니다.

7 유니시티 제품의 PDR 등재에 큰 의미를 두고 있던데 PDR이 뭐길래 그러나요?

PDR은 'Physicians' Digital Reference' 의 머리글자로, (약품 리스트가 실린) 우수의약품 처방 참고 편람을 말합니다. 미국의약협회가 참여해 1947년 이래로 매년 최신 정보를 업그레이드하어 펴내는 의료인을 위한 우수 의약품 정보 자료로, 50만 부 이상이 발행되어 의사, 간호사, 약사 등 미국 내 의료인이 볼 수 있도록 배포됩니다. 이들 의료인이 취급하는 의약품 및 건강기능 식품 등에 대한 처방 및 임상 정보를 망라하고 있다니, 그만큼 공신력 높은 편람이지 않겠어요.

8 저는 경제적 여유가 없는데 네트워크 사업을 시작할 수 있나요?

바로 그런 경제적 빈곤에서 벗어나기 위해서 네트워크 사업에 참여하는 겁니다. 특히 유니시티 비즈니스는 예비 사업자에게 감당하기 어려운 경제적 부담을 지우지 않습니다. 자영업처럼 큰돈을 투자하는 비즈니스가 아니죠. 무엇보다 현재 시중에서 사다 쓰고 있는 생활용품을 유니시티 제품으로 바꿔 이용하는 것인데, 그건 어차피 들어가는 생활비이므로 따로 돈을 더 들이는 투자는 아닌 셈입니다.

9 네트워크 사업은 회원을 모집하고 제품을 팔기가 무척 어렵다는데요?

이제 네트워크 사업은 예전처럼 비싼 전기 관련 건강 매트를 파는 영업도 아니고, 물건 하나를 팔려고 집집이 찾아다니며 초인종을 누르는 방식도 아닙니다. 사업설명회와 같은 프로그램과 다양한 정보 전달 체계를 통해 일단 시스템을 구축하면 자연히 재구매가 발생하는 선진국형 비즈니스 방식으로 진행되고 있습니다.

10 말주변이 없는 저도 잘할 수 있을까요?

네트워크 비즈니스는 화려한 말솜씨로 하는 사업이 아닙니다. 물론 말솜씨가 있으면 좋겠지만, 말이 어눌하더라도 진심으로 다가서는 태도를 통하면 사람들의 마음을 더 잘 움직일 수 있어요. 이 사업을 대하고 사람들을 대하는 마음가짐과 태도가 중요한 겁니다. 말하는 요령이야 차츰 배워나가도 늦지 않습니다.

11 | 사업설명회는 어떻게 하는 것이 좋을까요?

참석자의 성향에 따라 다양한 형식과 형태로 진행할 수 있습니다. 하나로 정해진 건 없죠. 다만, 참석한 예비사업자들이 뭔가 하나라도 얻어간다는 느낌을 줄 수 있어야 다음을 기약할 수 있습니다. 기대감을 채워서 연속성을 살리는 게 핵심입니다.

유니시티 사업 활동

- 로얄 크라운(유니시티 인터내셔널 명예직급) 인증식

- PD 송년파티

- PD 골프 모임

- 하와이 리더십 트립

- 컴패션 후원

- 한국지사 봉사활동

감사하는 마음, 행복을 긷는 샘

세상에서 가장 행복한 사람은 누굴까요?

영국의 한 일간지에서 영국인을 대상으로 자기가 세상에서 가장 행복하다는 사람을 조사했습니다. 그리고 행복한 이유를 쓰게 했지요. 그런데 결과가 뜻밖이었습니다.

1위는 바닷가에서 멋진 모래성을 지은 어린이였고, 2위는 갓 목욕시킨 아기의 해맑은 눈동자를 바라보는 엄마였으며, 3위는 의도한 공예품을 완성하고 손을 터는 예술가였고, 4위는 꺼져가는 생명을 수술로 살려낸 의사였습니다.

특별한 일을 이룬 특별한 사람만이 최고의 행복을 느낀 것이 아니라 소소한 일에 감사하는 보통사람이 더 자주, 더 큰 행복을 느꼈습니다. "범사에 감사하는 마음"이 행복을 부른 것이지요.

2010년 무렵, 신앙인으로 살게 되면서 내 꿈이 또 달라졌다고 했습니다. 하나님이 내게 감사하는 마음을 주신 덕분입니다. 매사에 감사하는 마음, 아무리 사소한 일에도 감사하는 마음은 하나님이 내게 내리신 최고의 은총입니다.

"항상 기뻐하라. 쉬지 말고 기도하라. 범사에 감사하라. 이것이 그리스도 예수 안에서 너희를 향한 하나님의 뜻이니라."

성경 말씀대로 감사하는 생활이 내게는 바로 신앙생활이고 행복의 원천입니다.

감사는 삶을 선물로 경험할 수 있는 경이로운 축복입니다. 뭐가 그리 감사할 일이 많냐고 반문할 수도 있지만, 관점을 바꿔 가만 돌아보세요. 장미꽃에 가시가 박혔다고 생각하면 불평하겠지만, 가시에 장미꽃이 피었다고 생각하면 감사하지 않겠어요. 물 한 모금 마시고 숨을 쉬는 것조차 감사한 일입니다. 나는 날마다 모든 순간 감사하는 마음으로 내 삶을 선물로 경험합니다.

이 책이 나오기까지 수고하신 모든 분에게 감사합니다. 이 책이 여러분께 좋은 선물이 되기를 바랍니다. 여러분에게 감사하면서 이 글을 맺습니다.

모두에게 감사하는 마음을 전하며, 이진옥

사업과 함께 읽으면 좋은 유익한 건강 도서

우리집 건강 주치의, 〈내 몸을 살린다〉 시리즈 살펴보기

1. 비타민, 내 몸을 살린다
2. 물, 내 몸을 살린다
3. 영양요법, 내 몸을 살린다
4. 면역력, 내 몸을 살린다
5. 온열요법, 내 몸을 살린다
6. 디톡스, 내 몸을 살린다
7. 생식, 내 몸을 살린다
8. 다이어트, 내 몸을 살린다
9. 통증클리닉, 내 몸을 살린다
10. 천연화장품, 내 몸을 살린다
11. 아미노산, 내 몸을 살린다
12. 오가피, 내 몸을 살린다
13. 석류, 내 몸을 살린다
14. 효소, 내 몸을 살린다
15. 호전반응, 내 몸을 살린다
16. 블루베리, 내 몸을 살린다
17. 웃음치료, 내 몸을 살린다
18. 미네랄, 내 몸을 살린다
19. 항산화제, 내 몸을 살린다
20. 허브, 내 몸을 살린다
21. 프로폴리스, 내 몸을 살린다
22. 아로니아, 내 몸을 살린다
23. 자연치유, 내 몸을 살린다
24. 이소플라본, 내 몸을 살린다
25. 건강기능식품, 내 몸을 살린다

우리집 건강 주치의, 〈내 몸을 살리는〉 시리즈 살펴보기

1. 내 몸을 살리는, 노니
2. 내 몸을 살리는, 해독주스
3. 내 몸을 살리는, 오메가-3
4. 내 몸을 살리는, 글리코영양소
5. 내 몸을 살리는, MSM
6. 내 몸을 살리는, 트랜스터팩터
7. 내 몸을 살리는, 안티에이징
8. 내 몸을 살리는, 마이크로바이옴
9. 내 몸을 살리는, 수소수
10. 내 몸을 살리는, 게르마늄

각권 3,000원

〈내 몸을 살린다, 내 몸을 살리는〉 시리즈가 특별한 이유

1. 누구나 쉽게 접할 수 있게 내용을 담았습니다. 일상 속의 작은 습관들과 평상시의 노력만으로도 건강한 상태를 유지할 수 있도록 새로운 건강 지표를 제시합니다.

2. 한 권씩 읽을 때마다 건강 주치의가 됩니다. 오랜 시간 검증된 다양한 치료법, 과학적·의학적 수치를 통해 현대인이라면 누구나 쉽게 적용할 수 있도록 구성되어 건강관리에 도움을 줍니다.

3. 요즘 외국의 건강도서들이 주류를 이루고 있습니다. 가정의학부터 영양학, 대체의학까지 다양한 분야의 국내 전문가들이 집필하여, 우리의 인체 환경에 맞는 건강법을 제시합니다.

해독요법
박정이 지음
304쪽 | 값 30,000원

반갑다 호전반응
정용준 지음
108쪽 | 값 7,000원

약보다 디톡스
조은정 지음
136쪽 | 값 9,000원

공복과 절식
양우원 지음
267쪽 | 값 14,000원

최고의 칭찬
이창우 지음
276쪽 | 값 15,000원

**감사, 감사의
습관이
기적을 만든다**
정상교 지음
242쪽 | 13,000원

내가 해봐서 아는데 아직도 유니시티 사업 안 하세요

초판 1쇄 인쇄 2023년 08월 01일
1쇄 발행 2023년 08월 10일(10,000부)

지은이 이진옥
발행인 이용길
발행처 **모아북스**
          MOABOOKS

총괄 정윤상
편집장 김이수
관리 양성인
디자인 이룸

출판등록번호 제 10-1857호
등록일자 1999. 11. 15
등록된 곳 경기도 고양시 일산동구 호수로(백석동) 358-25 동문타워 2차 519호
대표 전화 0505-627-9784
팩스 031-902-5236
홈페이지 www·moabooks·com
이메일 moabooks@hanmail·net
ISBN 979-11-5849-210-6 03320

· 좋은 책은 좋은 독자가 만듭니다.

· 본 도서의 구성, 표현안을 오디오 및 영상물로 제작, 배포할 수 없습니다.

· 독자 여러분의 의견에 항상 귀를 기울이고 있습니다.

· 저자와의 협의 하에 인지를 붙이지 않습니다.

· 잘못 만들어진 책은 구입하신 서점이나 본사로 연락하시면 교환해 드립니다.

모아북스 는 독자 여러분의 다양한 원고를 기다리고 있습니다.
(보내실 곳 : moabooks@hanmail·net)